남 눈치 너무 보지 말고
나만의 빛깔을 찾으세요
당신은 세상에서
가장 소중한 사람입니다.

혜민 두손모아

잊 지 말 아 요.
당신은 진정 특별하고 소중한 사람입니다.

_____ 님께

_____ 드림

저녁에 194.0×97.0 캔버스 유채 2009

멈추면, 비로소 보이는 것들

2012년 1월 27일 초판 1쇄 발행 | 2012년 6월 11일 475쇄 발행
지은이 · 혜민

펴낸이 · 박시형
책임편집 · 황은희 | 디자인 · 김애숙

경영총괄 · 이준혁
마케팅 · 권금숙, 장건태, 김석원, 김명래, 탁수정
경영지원 · 김상현, 이연정, 이윤하
펴낸곳 · (주)쌤앤파커스 | 출판신고 · 2006년 9월 25일 제313-2006-000210호
주소 · 서울시 마포구 동교동 203-2 신원빌딩 2층
전화 · 02-3140-4600 | 팩스 · 02-3140-4606 | 이메일 · info@smpk.kr

ⓒ 혜민 (저작권자와 맺은 특약에 따라 검인을 생략합니다)
ISBN 978-89-6570-060-9 (03810)

이 책은 저작권법에 따라 보호받는 저작물이므로 무단전재와 무단복제를 금지하며, 이 책 내용의
전부 또는 일부를 이용하려면 반드시 저작권자와 (주)쌤앤파커스의 서면동의를 받아야 합니다.

• 잘못된 책은 바꿔드립니다.   • 책값은 뒤표지에 있습니다.

쌤앤파커스(Sam&Parkers)는 독자 여러분의 책에 관한 아이디어와 원고 투고를 설레는 마음으로 기다리
고 있습니다. 책으로 엮기를 원하는 아이디어가 있으신 분은 이메일 book@smpk.kr로 간단한 개요와 취
지, 연락처 등을 보내주세요. 머뭇거리지 말고 문을 두드리세요. 길이 열립니다.

혜민 지음 | 우창헌 그림

멈 추 면,
비로소 보이는 것들

혜민 스님과 함께하는 내 마음 다시보기

쌤앤파커스

잠깐 멈추고
나를 사랑하는 시간을
가지세요

사실 트위터를 시작하게 된 것은, 미국에서 영어를 사용하다 생긴 모국어에 대한 그리움 때문이었다. 강의가 끝나고 텅 빈 연구실에 있다 보면 향수병에 걸린 것처럼 모국의 언어가 사무치게 그리울 때가 있다. 그럴 때마다 나는 일상생활 속에서 떠오른 생각들을 트위터에 기록했고, 모국의 언어로 대화해주는 사람들과의 소통 속에서 큰 위안을 얻곤 했다.

내가 위안을 받고 있다고 생각하던 날들 속에서, 도리어 사람들이 내가 남긴 몇 마디 말에 위안을 받았다는 글들을 남기기 시작했다. 상처받은 마음이 치유되었다는 글, 용서하지 못한 사람을 조금이나마 이해하게 되었다는 글, 못난 나 자신을 더욱 사랑해야겠다고 다짐했다는 글, 지친 퇴근길이었는데 힘이 난다는 글…. 나의 한마디가 어떤 사람들에게는 용기와 위안이 될 수 있다는 사실을 그때 비로소 알게 되었다. 그래서 나는 우리의 마음을 가다듬을 수 있는 맑은 글, 따뜻한 글들을 올려보자고 마음먹게 되었다. 내 글을 읽는 사람들이 자신의 존재의 소중함을 깨닫고, 스스로를 사랑하고, 나아가 다른 사람도 껴안을 수 있게 되도록 작은 힘이라도 보태고 싶었다.

그리고 나는 비로소 알게 되었다. 많은 사람들과 소통하며, 좋은 만남들을 이어가며 비로소 알게 되었다. 양극화 속에서 청년들은 등록금 문제, 실업문제, 비정규직과 같은 고용불안으로 힘들어하고 있다는 사실을. 또 높은 이혼율과 자살률을 반영하듯 많은 사람들이 관계 속에서 고통받고 외로워하고 있다는 사실을. 더불어, 필요 이상으로 타인을 의식하며 항상 뒤처진 것 같은 기분, 자신은 왠지 부족한 것 같은 기분에 빠져 살고 있다는 사실을. 대부분의 사람들의 마음이 언제나 초조하고 긴장상태라는 사실을. 그렇게 많은 사람들이 아파하고 있다는 사실을, 알게 되었다.

아직 내가 공부가 덜 되어서 그럴 수도 있고 진정한 승려의 본분을 제대로 알지 못해서 그럴 수도 있다. 하지만 나는 그들에게 말을 걸지 않을 수 없었다. 나는 그들에게 법회를 통해, 그리고 트위터나 페이스북, 블로그와 같은 온라인상에서 말을 걸기 시작했다. 우리 잠시 멈춰보자고. 과거를 반추하거나 불안한 미래를 상상하는 마음을 현재에 잠시 정지해놓고 숨을 가다듬을 수 있는 시간을 가져보자고. 그렇게 항상 급하게 어디론가 가다 보면 진정 중요한 것을 놓칠 수 있다고. 잠시 마음을 현재에 두고 쉬다 보면 내 안팎의 모습이 드러나니, 우리 함께 조용히 그렇게 바라보자고.

삶의 지혜란 굳이 내가 무언가를 많이 해서 쟁취하는 것이 아니고 오히려 편안한 멈춤 속에서 자연스럽게 드러난다는 간단한 진리를 많은 사람들에게 전하고 싶었다. 아니, 단 한 사람에게라도 더 알리고 싶었다. 그런 지혜가 생기면 비로소 나 자신과 지금의 상황이 좀 더 선명하게 보이고, 그렇게 되면 자연스럽게 내가 어느 방향으로 어떻게 나아가야 하는지도 알 수 있게 된다. 그때 편안함도 더불어 느낄 수 있게 된다.

이 책은 그 간절한 내 마음을 담은 기록들이다. '한 사람에게라도 더…' 이 마음이 나로 하여금 참으로 많은 말들을 하게 만들었다. 침묵 속에서 수행으로 세상을 밝게 하는 분들에게 내 말들이 소음으로 들리지 않길 바랄 뿐이다. 그리고 내 글에 위로를 받았다는 사람들에게 깊은 고마움을 표하고 싶다. 내겐 오히려 그들이 스승이었다. 그들 덕분에 하루 4시간씩만 자면서 투잡을 뛰는 분, 자살하고 싶을 정도로 괴롭다는 학생, 취업에 자꾸 미끄러져 슬프다는 청년실업의 아픔을 알게 되었기 때문이다. 그 스승들에게 이 책을 바친다.

쫓기듯 사는 삶에 지친 이들에게, 스트레스 덜 받는 생활을 목표로 하나 마음처럼 잘되지 않는 분들에게, 자기 스스로가 못마땅하고 누군가에 대한 미움으로 고통받는 이들에게, 그리고 진정한 사랑으로 가득한 삶을 희구하는 이들에게 조금이나마 도움이 되길 간절히 바란다.

그대들이 진정 행복하길 간절히 바란다.

혜민 두손모아

1강 · 휴식의 장

"세상이 나를 괴롭힌다고 생각하세요?
내가 쉬면 세상도 쉽니다."

꽃 핀 나무 91.0×91.0 캔버스 유채 2008

힘들면
한숨 쉬었다
가요

힘들면 한숨 쉬었다 가요.
사람들에게 치여 상처받고 눈물 날 때,
그토록 원했던 일이 이루어지지 않았을 때,
사랑하던 이가 떠나갈 때,
우리 그냥 쉬었다 가요.

나를 진심으로 아껴주는 친구를 만나
그동안 가슴속에 담아두었던 말들,
서럽고 안타까웠던 이야기,
조근조근 다 해버리고

"세상이 나를 괴롭힌다고 생각하세요?
내가 쉬면 세상도 쉽니다."

힘든 내 마음을 지탱하느라 애쓰는 내 몸을 위해
운동도 하고 찜질방도 가고
어렸을 때 좋아했던 떡볶이, 오뎅 다 사 먹어요.

평소에 잘 가지 않던 극장에도 가서
제일 웃긴 영화를 골라
미친 듯이 가장 큰 소리로 웃어도 보고
아름다운 음악,
내 마음을 이해해줄 것 같은 노래
재생하고 재생해서 듣고 또 들어봐요.

그래도 안 되면
병가 내고 며칠 훌쩍 여행을 떠나요.
경춘선을 타고 춘천으로 가도 좋고
땅끝마을의 아름다운 절 미황사를 가도 좋고
평소에 가고 싶었는데 못 가봤던 곳,
그런 곳으로 혼자 떠나요.

그런 시간들을 보낸 후
마지막으로 우리 기도해요.
종교가 있든 없든 상관없이

이렇게 힘들어하는 나를 위해
나를 좀 더 사랑할 수 있게 해달라고 기도를 해요.

그리고
용서할 수 있게 해달라고 기도를 해요.
그래야 내가 사니까,
그래야 또 내가 살아갈 수 있으니까
제발 용서하게 해달라고 아이처럼 조르세요.

힘들어하는 당신이
곧 나이기에
오늘도 그대를 위해 기도하겠습니다.

"세상이 나를 괴롭힌다고 생각하세요?
내가 쉬면 세상도 쉽니다."

사랑의 집 100.0×80.3 캔버스 유채 2010

부족한 '나'라고 해도, 내가 나를 사랑해주세요.

이 세상 살면서 이렇게 열심히 분투하는 내가

때때로 가엽지 않은가요?

친구는 위로해주면서 나 자신에게는 왜 그렇게 함부로 대하는지.

내 가슴을 쓰다듬으면서 사랑한다고 스스로에게 말해주세요.

나를 힘들게 하는 것들을

지금 한번 노트에 쭉 적어보세요.

내가 하지 않으면 안 되는 것들도 한번 쭉 적어보세요.

그리고 가장 쉽게 할 수 있는 것부터 차근차근 할 거다, 생각하시고

오늘 밤은 그냥 푹, 쉬세요.

내일 아침 눈을 떴을 때 나의 몸과 마음은

지금보다 훨씬 더 준비가 잘되어 있을 거예요. 진짜입니다.

"세상이 나를 괴롭힌다고 생각하세요?
내가 쉬면 세상도 쉽니다."

한두 사람의 비평에 상처받아 쉽게 포기하지 마세요.

나에 대해 잘 알지도 못하고 쉽게 한 말에

너무 무게를 두어 아파하지도 말아요.

안티가 생긴다는 것은, 어떻게 보면

내가 지금 하고 있는 일이 잘 진행되고 있다는 반증이기도 합니다.

용기 내어 지금 가고 있는 길, 묵묵히 계속 가면 돼요.

내가 저지른 실수 때문에 너무 힘들어하지 마세요.

완벽하게 사는 사람은 아무도 없습니다.

실수를 통해 삶이라는 학교가 우리에게 지금 가르쳐주는 것입니다.

감사하게 배우면 그만큼 더 성장합니다.

토닥토닥.

우리에게 지금 필요한 것은 진중함이나,

무조건 열심히 하는 것이 아니고 즐기는 것입니다.

유머가 있을 때 삶이 풍성해지고 여유가 생겨요.

지금까지 우리는 너무 성실과 노력만을 따져왔습니다.

그러니 얼굴이 굳어 있고 마음이 항상 급한 것입니다.

유머는 닫혀 있던 마음을 열어줍니다.

유머는 잡고 있던 생각을 잠시 놓아줍니다.

활짝 웃는 순간, 무엇이라도 다 수용할 수 있을 것 같습니다.

심지어 평소에 미워하던 사람도 용서할 수 있을 것 같습니다.

따라서 유머는 삶의 필수 요소입니다.

즐거우면, 마음은 자연스럽게 열려

새로운 것을 받아들일 수 있습니다.

반대로 경직된 분위기나 기분이 나쁠 때는

아무리 좋은 것을 가르쳐주어도 받아들이지 못합니다.

마음의 잔잔한 즐거움이 없으면

일도 공부도 수행도 진보가 한참 늦습니다.

"세상이 나를 괴롭힌다고 생각하세요?
내가 쉬면 세상도 쉽니다."

살짝 노는 듯이 열심히 하는 친구들이
사실, 일은 더욱 능률적으로 잘합니다.
열심히 죽어라 일만 하는 사람은
일의 즐거움 없이 스트레스로 일을 하는 것입니다.

잠깐 하는 일이 아니고
오랫동안 그 일을 하려 한다면
그 일을 열심히만 하려고 하지 말고
재미있게 즐기면서 하려고 하세요.
쉬지 않고 열심히만 하려고 들면
내 페이스를 잃어버려
결국 그 일을 오래 하지 못하게 됩니다.

기분이 꿀꿀하신가요?
그렇다면 잠자는 아이의 얼굴을
1분만 바라보세요.
평온한 쉼의 물결이 전해집니다.

한 가족이 낙엽 진 가을 길을 걸어갑니다.

아빠가 다섯 살배기 아들을 번쩍 안아 올리자

아이는 아빠 볼에다 연신 뽀뽀를 합니다.

엄마는 그 모습을 바라보며 미소를 짓습니다.

조금만 여유를 갖고 돌아보면

삶의 행복한 광경을 그리 어렵지 않게 발견할 수 있습니다.

삶 속에 작은 기적을 만들고 싶으세요?

그렇다면, 오늘 평소보다 일찍 퇴근해서

아이를 학교 앞에서 기다린 후

아이와 함께 둘이 놀이터에서 같이 놀다가

평소에 아이가 먹고 싶다던 음식으로 저녁을 먹고

이야기를 많이 나누어보세요.

집에 갈 때는 식구들을 위한 케이크도 같이 골라보고요.

아이에게 평생 남는 행복한 기억이 됩니다.

"세상이 나를 괴롭힌다고 생각하세요?
내가 쉬면 세상도 쉽니다."

아이들이 다 커버리기 전에,

부모님이 더 나이 드시기 전에,

가족이 다 같이 여행을 자주 떠나세요.

일상생활에 치여서 매일 보는 식구들인데도

제대로 관심 가져주지 못했잖아요.

여행지의 낯선 환경은 가족을 더 가깝게 만들고

밀렸던 대화도 잘할 수 있게 만들어줍니다.

같이 하는 여행은 그래서 이혼도 막을 수 있습니다.

음악이 아름다운 이유는

음표와 음표 사이의 거리감, 쉼표 때문입니다.

말이 아름다운 이유는

말과 말 사이에 적당한 쉼이 있기 때문입니다.

내가 쉼 없이 달려온 건 아닌지,

내가 쉼 없이 너무 많은 말을 하고 있는 건 아닌지,

때때로 돌아봐야 합니다.

'
결정을 내려야 할 중요한 일이 있는데
쉬이 결정하기 어렵다고 너무 괴로워하지 마세요.
시간이라는 특효약을 주고 좀 쉬면,
무의식에서 계속 답을 찾으려 하기 때문에
이틀 후, 사나흘 후에
걷다가, 밥 먹다가, 잠에서 깨다가, 친구와 대화하다,
문득 답이 알아져요.

내 무의식을 믿고 나에게 시간을 주세요.

'
일이 안 되면
내 탓으로 돌려서 자괴감에 빠지는 경우가 있는데요,
사실 그게 전부 내 탓인가요?
예를 들어,
나는 조용필인데 저쪽은 파바로티를 원하면
당연히 내가 낙점되지 않지요.
인연이 아닌 것이지
내 탓 아니니 등 쫙 펴세요! 파이팅!

"세상이 나를 괴롭힌다고 생각하세요?
내가 쉬면 세상도 쉽니다."

저녁식사로 혼자 라면을 끓여 먹더라도

나를 아끼고 사랑해주는 마음으로 드세요.

'얼마나 힘들었어요,

오늘 하루 이 몸 끌고 이 마음 써가며 사는 것.'

지금 내 자신을 쓰다듬으며 "고생했다." 말 한마디 해주세요.

그리고 평소보다 한 시간 먼저 잠을 청하세요.

나에게 주는 선물입니다.

고민이 있으세요?

그러면 햇볕을 쪼이며 걸으세요.

해 나온 날 걸으면,

마음을 안정시키는 세로토닌 호르몬이 분비돼요.

안정된 마음에서 고민의 해결책 쪽으로 향해 있으면

나도 모르게 신기하게 답이 나옵니다.

위로받겠다는 생각을 자꾸 하니
삶이 더 힘들게 느껴지는 것은 아닐까요?
자꾸 위로받겠다는 생각을 하면
그 누구도 내가 만족할 만큼 위로를 해주지 못해요.
차라리 마음 굳게 먹고
내 기도를 통해 나 스스로를 위로하고 남도 위로해줘야지,
마음먹으세요.
그때 위로가 되고, 그때 힘이 납니다.

복권 대신 꽃을 사보세요.
사랑하는 가족을 위해,
그리고 나 자신을 위해,
꽃 두세 송이라도 사서
모처럼 식탁 위에 놓아보면,
당첨 확률 백 퍼센트인
며칠간의 잔잔한 행복을 얻을 수 있습니다.

"세상이 나를 괴롭힌다고 생각하세요?
내가 쉬면 세상도 쉽니다."

힘든 일이 있었나요?

슬픈 일이 있었나요?

그 일로 인해 삶이라는 학교는 분명 나에게

어떤 큰 가르침을 주려 했을 것입니다.

그것이 무엇인지는

절대로 서둘지 말고 천천히 살펴봐야 해요.

내가 없어도 세상은 잘만 돌아갑니다.

놓으세요.

나 없으면 안 될 거라는 그 마음.

살면서 고마움을 많이 느낄수록 더 행복해집니다.

세상에 나 혼자 똑 떨어져 있는 '외로운 나'가 아니고,

서로서로 연결되어 있는 '사람들 속의 나'를 느끼기 때문입니다.

고마움을 느낄 때 우리는 진리와 더 가까이 있습니다.

우리를 약하게 만드는 것들….
자신의 가치를 다른 사람으로부터 인정받고 싶어 하고
검증받고 싶어 하는 욕망.

남을 진정으로 위하고
남이 잘될 수 있도록 '어떻게 도와줄까?' 고민하는,
그런 선한 마음은
나를 따뜻하고 행복하게 만들어줍니다.
잡념도 없어지고, 보약이 따로 없습니다.
오늘, 기분이 나쁘다면,
비록 작은 일이라도 누군가를 도와줄 생각을 하십시오.

"세상이 나를 괴롭힌다고 생각하세요?
내가 쉬면 세상도 쉽니다."

충만의 밤 194.0×97.0 캔버스 유채 2011

지금,
나는
왜 바쁜가?

나는 나를 둘러싼 세상이
참 바쁘게 돌아간다고 느낄 때
한 번씩 멈추고 묻는다.
"지금, 내 마음이 바쁜 것인가,
아니면 세상이 바쁜 것인가?"

사람들은 보통 '마음'이라고 하는 것과 '세상'이라고 하는 것이 따로
따로 존재한다고 알고 있어요. 마음은 내 몸 안에 있고 세상은 내 몸 밖
에 있다고 생각하지요. 그리고 우리의 마음은 몸 밖의 세상의 지배를 받
아서, 세상이 내 마음을 슬프게 만들기도 하고 기쁘게 만들기도 한다고
생각해요. 따라서 우리 마음은 거대한 세상에 비하면 너무나도 초라하

고 작고 연약한 존재로 여기게 되지요.

하지만 부처님의 가르침은 우리의 생각을 뒤집어놓습니다. 세상이 내 마음을 아프게 하고 기쁘게 하는 것이 아니라, 세상에 투사된 내 마음을 보고 우리는 세상이 이렇네, 저렇네, 하는 분별을 일으키며 사는 것이라고요.

도대체 이 말이 무슨 말인가요? 내 마음이 투사된 세상을 내가 보는 것이라니? 좀 쉬운 예를 한 가지 들어 말해보겠습니다. 얼마 전 법당 불사(佛事)를 완공한 한 선배 스님이 들려준 말이에요.

"집을 직접 지어보신 분들은 잘 아시겠지만, 법당 공사를 하던 중에 지붕의 기와를 올려야 하는 시점이 오니까 이상하게도 제 눈에는 어딜 가나 가정집이든 절이든 지붕 위에 있는 기와들만 자꾸 눈에 들어오는 거예요. 그다음엔 또 마루를 깔 때쯤 되니까 이번엔 가는 곳마다 마루만 눈에 들어오는 거예요. 어딜 가나 그곳 마루 나무의 결이나 색깔, 단단함 같은 것에만 눈길이 가더라고요. 그런데 이 사실을 제 스스로 자각한 순간 작은 깨달음이 있었어요. 세상을 볼 때 우리는 이처럼 각자의 마음이 보고 싶어 하는 부분만을 보고 사는 건 아닌가 하는 점이었어요. 우리에게 보이는 세상은 온 우주 전체가 아니라, 오직 우리 마음의 눈을 통해서만 볼 수 있는 한정된 세상이라는 걸 새삼스레 발견하게 된 것이지요."

스님 말씀을 듣고 곰곰이 생각해보니, 정말 그렇습니다. 우리가 살면서 온 우주 전체를 인식하며 사는 것은 아니잖아요? 그리고 사실 온

"세상이 나를 괴롭힌다고 생각하세요?
내가 쉬면 세상도 쉽니다."

우주에서 무슨 일이 벌어지고 있는지 일일이 다 알 필요도 없고요. 그저 우리는 우리의 마음이라는 렌즈를 통해서 보이는 세상만을 인식하며 살고 있지 않나요?

내 마음의 렌즈가 '지금 무엇이 필요해.'라는 상태에서 세상을 바라보면 세상 그 어느 곳보다도 내가 찾는 그 부분만 보이게 됩니다. 왜냐하면 마음의 렌즈가 그곳으로만 향하게 되니까요. 이것은 마치 어른 스님이 지나가며 툭 던지는 한마디 말씀을 일반인은 그냥 지나치지만, 깨달음을 간절히 구하던 수행자는 그 안에 숨겨진 큰 가르침을 바로 알아채는 것과 같습니다.

그렇다면 우리의 마음은 거대한 세상의 영향 아래에서 좌지우지되는 수동적이고 연약한 존재는 아닌 것 같습니다. 내 마음의 렌즈를 세상의 어느 방향으로 향할까 하는 선택만큼은 우리 스스로 할 수 있는 것이 아닐까요? 어차피 내 마음의 눈을 통해 바라보는 세상은 한정되어 있고, 내가 의도적으로 선택하여 보고 싶은 부분에 초점을 맞추면 세상도 따라서 그렇게 보일 것이 분명합니다. 하지만 이건 생각처럼 쉬운 일이 아니지요. 내 의지로 렌즈의 방향을 선택하는 것은 사실 절대적인 노력이 필요합니다.

왜냐하면 우리 마음은 평소에 하던 버릇대로 따라가려는 관성의 힘이 강합니다. 평소에 싫어하던 사람을 만났다고 합시다. 그 사람을 만나면 좋은 면보다는 역시나 싫은 면이 먼저 보여요. 그런데 여기서 렌즈의 초점을 다시 맞춰서 그 사람의 좋은 면만 보려고 노력해보세요. 처음엔 거부감도 들고 인위적이라는 생각도 들어서 어려울 수 있어요. 하지만 시간이 얼마쯤 지난 후 익숙해지면 어느 순간, 내 주위에는 정말로 좋은 사람들만 있다고 나도 모르게 느끼게 됩니다. 즉, 내 주위 사람들은 다 똑같은 사람들인데 내가 어떻게 보느냐에 따라 좋고 싫고가 결정되는 것입니다.

여기서 한 가지 더 중요한 것은, 마음의 렌즈의 방향 설정뿐만 아니라 렌즈 자체의 상태입니다. 즉, 세상을 바라보는 내 마음이 어떤 상태냐에 따라 렌즈는 갖가지 색으로 물이 들어요. 마음이 기쁜 상태라면 렌즈 자체에 기쁨의 물이 들어 있습니다. 그 렌즈로 바라보는 세상은 당연히 기쁨으로 가득합니다. 반대로 마음이 외로운 상태의 렌즈를 하고 있으면 세상 역시 참으로 외롭게 보여요.

이처럼 세상에서 벌어지고 있는 일 자체는 행복한 일, 불행한 일, 아름다운 일, 더러운 일이 본시 없어요. 그렇게 분별하는 것은 세상 스스로가 하는 것이 아니고 내 마음의 렌즈가 하는 것입니다. 가을 낙엽이 떨어지는 모습을 보고 누군가는 '아, 외로워.' 할 수도 있고 '아, 아름다워.' 할 수도 있습니다. 세상은 똑같이 낙엽이 떨어지는 모습인데, 내 마음이 외로운지 평온한지에 따라서 세상이 그렇게 보이는 것뿐입니다.

이제 제 이야기를 해보려 합니다. 미국에서 스님 본분으로 살랴 교수 본분으로 살랴 정신이 없습니다. 학자이기도 하고 선생이기도 하고

"세상이 나를 괴롭힌다고 생각하세요?
내가 쉬면 세상도 쉽니다."

종교인이기도 하고 수행자이기도 한 삶을 살다 보면 정신없이 바쁘게 느껴집니다. 주중에는 학생들을 가르치고 학자로서 연구 활동도 해야 하고, 주말에는 3시간 동안 운전해서 뉴욕에 있는 은사 스님 절에 가 소임을 맡아서 일을 해야 합니다. 방학이 되면 바쁜 일정은 한층 더해집니다. 어른 스님들께 인사도 가야 하고, 통역 부탁 받으면 통역하러 가야 하고, 법문 요청이 들어오면 법문하러 가야 하고, 그런 와중에 혼자 수행하는 시간을 떼어놔야 합니다. 게다가 논문도 써야 하고 연구도 해야 합니다.

'내가 도대체 뭐하는 사람이지?' 이게 뭐하는 건가 싶을 때도 사실 있어요. 내가 진정 승려가 맞나, 승려가 이렇게 정신없이 분주하게 살아도 되나, 싶을 때도 있고요. 하지만 곧 알아채게 됩니다. 세상이 바쁜 것이 아니고 내 마음이 바쁜 것이라는 사실을. 세상은 세상 스스로가 '와, 나 참 바쁘다!'라고 불평한 일이 없다는 사실을. 결국 내 마음이 쉬면 세상도 쉬게 될 것이라는 것을.

그리고 이렇게 바쁘게 사는 내 자신을 더 가만히 들여다보니 알 수 있었습니다. 내 삶이 이토록 바쁜 까닭은 내가 바쁜 것을 원하고 있기 때문이라는 것을요. 정말로 쉬려고 한다면 그냥 쉬면 되는 것입니다. 어디선가 부탁이 들어와도 거절하면 되는 것이고, 그 거절을 못하겠으면 핸드폰을 꺼놓으면 끝인 것입니다. 그런데도 그러지 못하고 바쁜 일정 속으로 나 스스로를 밀어 넣는 것은, 내 마음이 어느 정도는 바쁜 것을 즐기기 때문입니다. 저에게는 저를 필요로 하는 사람들을 만나서 조금이라도 도움을 주는 것이 큰 기쁨이고 행복이기 때문입니다.

진정 쉬고 싶다고요? 그렇다면 지금 바로 내 마음을 현재의 시간에 온전히 가져다놓으세요. 이거 해야지, 저거 해야지 하는 바쁜 마음은 미래와 과거를 넘나드는 상념일 뿐입니다. 현재에 마음이 와 있으면 과거도 없고 미래도 없이 지금뿐입니다. 그리고 이처럼 상념이 없는 '바로 지금'은 바쁘지 않습니다. 안 그런가요?

'부처의 눈에는 부처만 보이고 돼지의 눈에는 돼지만 보인다.'는 말이 있습니다. 세상을 보는 내 마음의 눈이 어떤 상태냐에 따라 그 마음 그대로 세상이 보인다는 의미입니다.

결국, 뭐든 세상 탓만 할 일이 아닙니다. 내가 세상에 대해 느끼는 좋고 싫고 힘들고 괴로운 감정들의 원인은 내 안에 내가 알게 모르게 심어놓은 것일 수 있습니다. 한번 살펴보세요. 내 마음이 쉬면 세상도 쉬고, 내 마음이 행복하면 세상도 행복합니다. 마음 따로 세상 따로 존재하는 것이 아니에요. 세상 탓하기 전에 내 마음의 렌즈를 먼저 아름답게 닦읍시다.

"세상이 나를 괴롭힌다고 생각하세요?
내가 쉬면 세상도 쉽니다."

우리는 마음이라는 창구를 통해서만 세상을 알 수 있습니다.

마음이 시끄러우면 세상도 시끄러운 것이고

마음이 평화로우면 세상도 평화롭습니다.

그래서 세상을 바꾸는 것 이상으로 중요한 것이

내 마음을 이해하는 것입니다.

몸을 구겨서 지하철 속으로 들어갔습니다.

앞뒤, 옆, 사람이 꽉 찼네요.

이 순간 우리 마음은 짜증을 부릴 수도 있고

헤헤, 손잡이 잡지 않아도 된다고 재미있어할 수도 있습니다.

똑같은 일이 벌어져도 사람들은 이처럼 반응들이 달라요.

왜냐하면 세상이 나를 괴롭히는 것이 아니고,

알고 보면 내 마음이 나를 괴롭히기 때문입니다.

쓰나미가 무서운 것은 바닷물이 아닌
바닷물에 쓸려오는 물건들 때문입니다.

회오리바람 또한 바람 때문에 죽는 일보다
바람에 쓸려온 물건들에 치여서 다치고 죽습니다.

우리가 괴로운 건
우리에게 일어난 상황 때문이 아닙니다.
그 상황들에 대해 일으킨 어지러운 상념들 때문입니다.

기분 나쁜 일이 생겼습니까?
가만히 놓아두면 자연스럽게 사라질 일을
마음속에 계속 담아두고 되새기면서
그 감정의 파동을 더 크게 증폭시키지 마십시오.
흐르는 감정의 물결을 사라지지 못하도록 증폭시키면
자신만 괴롭습니다.

"세상이 나를 괴롭힌다고 생각하세요?
내가 쉬면 세상도 쉽니다."

프라이팬에 붙은 음식 찌꺼기를 떼어내기 위해서는
물을 붓고 그냥 기다리면 됩니다.
그렇게 시간이 지나면 저절로 떨어져나갑니다.
아픈 상처를 억지로 떼어내려고 몸부림치지 마십시오.
그냥 마음의 프라이팬에 시간이라는 물을 붓고 기다리면
자기가 알아서 어느덧 떨어져나갑니다.

만족할 줄 알면
나 자신이 스스로를 괴롭히면서 하는 분투를 쉴 수 있습니다.
만족할 줄 알면
지금 내 앞에 있는 사람과 지금 이 시간을 즐길 수 있습니다.
만족할 줄 알면
일이 끝나고도 마음에 아무런 찌꺼기가 남지 않습니다.

본성을 깨닫는 마음공부 방식은요,

무언가를 자꾸 배워서 해야 하는 것이 아니라

정반대로 '쉬고 또 쉬고'예요.

완전히 쉬고 비워냈을 때

생각을 일으키는 마음 근본바탕과 정통으로 딱 만날 수 있어요.

마음공부는 일반 공부와는 정반대로 해야 해요.

일반 공부는 모르는 것을 배워서 지식으로 채워가지만,

마음공부는 반대로 '안다.'는 생각을 쉬고 또 쉬면서

텅 빈 채로 이미 충만한 마음자리를 밝히는 것입니다.

지금 처한 상황을 아무리 노력해도 바꿀 수가 없다면

그 상황을 바라보는 내 마음가짐을 바꾸십시오.

그래야 행복합니다.

원래 나쁜 것도 원래 좋은 것도 없습니다.

내 마음의 상(相)을 가지고 세상을 바라보니

좋은 것, 나쁜 것이 생기는 것뿐입니다.

"세상이 나를 괴롭힌다고 생각하세요?
내가 쉬면 세상도 쉽니다."

마음이 바쁘면 그 바빠하는 마음을 알아차리십시오.
마음이 짜증을 내면 짜증내고 있음을 알아채고
화가 나면 화내는 내 마음을 알아차리십시오.
알아챔은 바쁨, 짜증, 화에 물들어 있지 않아
아는 순간 바로 그 상태에서 빠져나올 수 있습니다.
왜냐하면, 아는 작용 자체는 본래 청정하기 때문입니다.
정말로 그런지, 직접 해보세요.

몸이든 마음이든
비우면
시원하고 편안해집니다.
반대로
안에 오랫동안 간직하고 있으면
몸이든 마음이든
병이 납니다.
뭐든 비워야 좋습니다.

몸 안에 독소가 쌓이듯

마음속에 고통, 미움, 절망, 슬픔이 쌓이면

독소 같은 응어리가 생겨 마음의 병을 앓게 됩니다.

그 독소를 운동으로, 상담으로, 기도로, 참회로,

깨어서 바라보는 명상으로 풀어야 합니다.

과거의 기억 때문에 괴로운가요?

지금 현재에 마음이 온전히 와 있으면,

마음에 과거의 자국이 남아 있지 않습니다.

당신의 마음을 현재로 온전히 돌려

'그냥 있음'을 고요 속에서 충분히 만끽하십시오.

시간이 사라집니다.

"세상이 나를 괴롭힌다고 생각하세요?
내가 쉬면 세상도 쉽니다."

비가 오는 밤늦은 퇴근길을 터벅터벅 걸으며
문득 '내가 이러고 평생 살아야 하나.'라는 생각이 든다면
내일 아침 평소보다 조금 일찍 일어나
나를 위해 조용히 명상의 시간을 가져보십시오.

내 삶의 목표를 다시 한번 점검해보고
내 기존의 삶 속에서 의미를 찾아보세요.
의미를 찾으면 좀 힘들어도 괜찮아집니다.
그렇게 삶의 허무가 사라집니다.

현대인들이 가지고 있는 고(苦) 하나.
리모컨으로 텔레비전 채널을 돌립니다.
채널은 많은데 마땅히 고정해놓고 볼 프로그램이 없습니다.
아! 너무 많은 선택은 사람을 불행하게 하는구나,
깨닫습니다.

지금 마음이 복잡하고 갈등하고 계시나요?
잠을 푹 주무시고 나면 그 문제가 달리 보일 것입니다.
정말로 틀림없이 그렇습니다.

숙면하기 위해서는,
주무시기 전에 살면서 참 고마웠던 분들,
혹은 다른 사람을 도와주며 마음이 뿌듯했던 순간들,
이런 것을 이불 속에서 떠올려본 후 잠을 청하세요.
아주 편하게 주무실 수 있습니다.

가슴에 사랑이 있으면
세상은 아름답게 보입니다.
가슴에 사랑이 있으면
잔잔한 기쁨이 솟아납니다.
또한 사랑은
마음을 열고 경계를 지웁니다.
사랑하세요. 세상을 사랑하세요.

"세상이 나를 괴롭힌다고 생각하세요?
내가 쉬면 세상도 쉽니다."

행복은

생각이 적을수록,

함께 같이 나눌수록,

지금 바로 이 순간에 마음이 와 있을수록

더해집니다.

눈을 감고 숨을 깊게 쉬고 마음속으로

'내 주변 사람들이 모두 평안하길….' 기도해보세요.

이 말과 함께 평안이 곧 밀려옵니다.

행복의 지름길.

첫째, 나와 남을 비교하는 일을 멈추십시오.

둘째, 밖에서 찾으려 하지 말고 내 마음 안에서 찾으십시오.

셋째, 지금 이 순간 세상의 아름다움을 찾아서 느끼십시오.

자기 스스로를 온전히 받아들이고
또, 내 존재가 스스로에게 편안해졌을 때,
그때 비로소 타인도 즐겁고 편하게 만들 수 있습니다.

당신은 바로 지금 이 자리에 있는 그대로
존귀하고도 온전한 사람입니다.
이 존귀하고 온전함을 보지 못하는 것은
내가 나 자신에게 만들어 부여한
나에 대한 고정관념, 그것에 대한 집착 때문입니다.
나 자신의 존귀함과 온전함을 발견하십시오.

수행자는 세상과 다투지 않습니다.
그저 원래부터 세상과 하나였다는 사실을 여실히 드러낼 뿐입니다.

"세상이 나를 괴롭힌다고 생각하세요?
내가 쉬면 세상도 쉽니다."

2장 · 관계의 장

"인간관계는 난로처럼 대해야 합니다.
너무 가깝지도, 너무 멀지도 않게."

저편에 100.0×80.3 캔버스 유채 2008

그를
용서하세요,
나를 위해서

나를 배신하고 떠난 그 사람,
돈 떼어먹고 도망간 그 사람,
사람으로서 차마 할 수 없는 짓을
나에게 했던 그 사람,

나를 위해서
그 사람이 아닌 나를 위해서
정말로 철저하게 나를 위해서

그를 용서하세요.

"인간관계는 난로처럼 대해야 합니다.
너무 가깝지도, 너무 멀지도 않게."

그가 예뻐서가 절대로 아니고
그가 용서를 받을 만해서가 아니고
'그도 사람이니까…'라는 생각에서가 아니고

내가 살려면 그래야 하니까
그를 잊고 내 삶을 살아야 하니까
나도 행복할 권리가 있으니까

그를 용서하세요.

절대로 쉽지는 않겠지만
자꾸 억울한 마음이 들겠지만
지금도 울컥 울컥 올라오겠지만
나만을 생각해보세요.
이게 나에게 좋은지.

그리고 결정하세요.
가슴은 내 머리의 결정을 듣지 않아도
일단 결정을 내리세요.
용서하고 잊겠다고.

그를 그렇게 미워하면서
스스로를 힘들게 했던
나 자신 또한 용서하겠다고.

그리고 절과 같이 몸을 쓰는 기도를 열심히 하세요.
소리 내어 기도를 열심히 하세요.
내려놓게 해달라고
잊어버리게 해달라고.
철저하게 나를 위해서.

그러다 보면
어느 순간 눈물이 왈칵 쏟아지면서 놓아져요.
실신할 것 같이 몸부림치다가 놓아져요.
세상 떠나갈 것 같은 통곡 한번 하고 놓아져요.

그건 내가 놓는 것이 아니고
예수님과 부처님의 사랑과 자비하심이
모든 것을 다시 원만하게 되돌려주신 것이에요.
그분들의 사랑과 자비함을 믿고
지금 용서하지 못한 사람이 있다면
나를 위해 용서하세요.

"인간관계는 난로처럼 대해야 합니다.
너무 가깝지도, 너무 멀지도 않게."

빛의 예감 145.5×112.0 캔버스 유채 2010

누구를 미워하면 우리의 무의식은 그 사람을 닮아가요.

마치 며느리가 못된 시어머니 욕하면서도

세월이 지나면 그 시어머니 꼭 닮아가듯.

미워하면 그 대상을 마음 안에 넣어두기 때문에

내 마음 안의 그가 곧 내가 됩니다.

그러니 그를 내 마음의 방에 장기투숙시키지 마시고

빨리 용서한 다음 바로 쫓아내버리세요.

싫어하는 사람을 내 가슴속에 넣어두고 다닐 만큼

그 사람이 가치가 있습니까?

내가 사랑하는 가족, 나를 응원하는 친구만 마음에 넣어두십시오.

싫어하는 사람 넣어두고 다니면 마음병만 얻습니다.

"인간관계는 난로처럼 대해야 합니다.
너무 가깝지도, 너무 멀지도 않게."

사람들과의 관계에서, 그냥 내가
약간 손해 보면서 살겠다는 마음가짐으로 사십시오.
우리는 자신이 한 것은 잘 기억하지만
남들이 나에게 해준 것은 쉽게 잊기 때문에,
내가 약간 손해 보며 산다고 느끼는 것이
알고 보면 얼추 비슷하게 사는 것입니다.

길을 지나가던 상대가
나를 보고 스님이라고 정성스레 합장을 하니
나도 정성스레 합장인사를 합니다.
상대가 나를 보고 목례를 하니
나도 부지불식간에 목례를 합니다.
나는 상대의 거울입니다.
상대는 또 나의 거울입니다.
그래서 지혜로운 이는,
상대로부터 원하는 것이 있으면
이렇게 해달라 말하기 전에 자신이 먼저 그렇게 합니다.

누가 나에게 해주었으면 하는 것이 있으면
내가 먼저 그것을 해주면 결국 다 돌아옵니다.
예를 들어, 친구가 내 생일을 기억해주었으면 하면
먼저 친구 생일을 기억해주고
남편이 어깨를 주물러주었으면 하면
본인이 먼저 어깨를 주물러주세요.

상대가 나를 칠 때
지혜로운 이는 굽힐 줄 압니다.
받은 대로 똑같이 치면
옳을 수는 있으나, 똑같은 놈 취급당하며
주변 사람들의 마음을 얻지 못해요.
억울해도 참는 모습에서
그 사람의 진가가 드러납니다.

"인간관계는 난로처럼 대해야 합니다.
너무 가깝지도, 너무 멀지도 않게."

사람들은,

아주 사소한 일로 삐친 후

아주 그럴듯한 논리적 이유를 가져와

그 사람을 칩니다.

나를 낮추면 세상이 나를 높여주고

나를 높이면 세상이 나를 낮춥니다.

깨달음의 정상에 올랐을 때, 비로소 알게 됩니다.

그 정상이 낮아지면서

원래부터가 내 이웃과 똑같은 눈높이였다는 것을.

누군가와 자꾸 부딪치면,

아마도 그 부딪치는 부분을

세상이라는 학교가 나에게 좀 닦으라고 하는 것이 아닐까요?

누구를 싫어하면 왜 싫어하는지를 가만히 들여다보고

내 안에도 그와 비슷한 허물이 없는지 살펴봐야 합니다.

．
다른 사람의 결점이
내 눈에 들어오는 것은
내 안에도 똑같은 결점이
어딘가에 있기 때문입니다.

그 사람을 처음 봤을 때 그의 결점이 딱 보이는 건,
그리고 그의 결점이 두고두고 나를 괴롭히는 건,
내 안에도 똑같은 결점이 존재하기 때문입니다.

．
사실,
어떤 사람이 원래부터 나쁘거나 좋거나 하는 건 없습니다.
그 사람과 나와의 인연이 나쁘거나 좋거나 할 뿐입니다.
악한 사람도 나를 구해주는 은인으로 만나면
좋은 사람이 되는 것이고,
선한 사람도 길을 가다 내 어깨를 치고 가면
나쁜 사람이 되는 것입니다.

"인간관계는 난로처럼 대해야 합니다.
너무 가깝지도, 너무 멀지도 않게."

◗

사람 여덟아홉 명 모이는 모임에 가면

나를 이상하게도 좋아하는 사람이 두세 명 정도 있고

나를 또 처음부터 괜히 싫어하는 사람이 한두 명 있습니다.

이것이 자연의 이치니 너무 상처받지 말고 사시길.

◗

개개인에게는 모두 각자의 생각이 있습니다.

각각의 사견을 내 생각과 똑같이 맞추기 위해

노력할 필요는 없습니다.

다를 수 있다는 것을 인정하십시오.

시비는 사실, 남의 생각이 내 생각과 똑같아야 한다고 했을 때

생기는 것입니다.

◗

몇 백, 몇 천만 원짜리 명품 가방을 가지고 다니면 뭐하나요.

사람이 명품이 아니라면.

배우자, 자녀, 친구를 내가 원하는 대로 바꾸려 하면 할수록
관계는 틀어지고 나로부터 도망가려고 할 것입니다.
사람은 큰 고통, 큰 사건 이후 스스로 변화하지 않는 한
쉽게 변하지 않습니다.

전생 이야기 중에
부모와 자식과의 인연은
부모에게 은혜를 갚으러 나온 자식과
빚진 것을 받으러 나온 자식
두 분류로 크게 구분된다고 합니다.

스스로에게 물어보세요.
나는 둘 중 어느 부류인지.

"인간관계는 난로처럼 대해야 합니다.
너무 가깝지도, 너무 멀지도 않게."

•

배우자에 대해 '쉽게 변하지 않겠구나….' 하고 포기하려 하니
앞으로 남은 그 많은 세월 어떻게 참고 살까 걱정이 되나요?
그럼 스스로에 물어보십시오.
나는 그 사람이 봤을 때 완벽한가?

•

인간관계에서 생긴 문제를 풀 때,
왜 상대가 내 마음을 알아주지 못할까,
왜 내가 원하는 대로 해주지 않을까,
이런 마음에서 출발하면 문제는 절대 풀리지 않습니다.
왜냐하면, 상대에 대한 이해가 아닌
나의 요구로부터 시작되었기 때문입니다.

대신,
왜 상대가 나에 대해 저렇게 생각하는지,
나의 어떤 면 때문에 오해를 했고 힘들어하는지,
이런 관점에서 출발하면 상대에 대한 이해가 깊어지고
생각보다 쉽게 문제를 해결할 수 있습니다.

사람들을 쉽게 쉽게 무시하는 사람은
사실
본인 자신이 사람들로부터 무시당할까봐
두려워서 그런 언행을 하는 것입니다.

당신이 왜 그 친구 말을 못 믿는 줄 아세요?
당신이 그 친구와 비슷한 상황에 처했을 때
당신 역시 그 친구와 비슷한 거짓말을 할 수 있다는 사실을
스스로가 너무도 잘 알기 때문입니다.
의심이 많은 것은 사실
당신 스스로가 당신을 믿지 못하기 때문입니다.

"인간관계는 난로처럼 대해야 합니다.
너무 가깝지도, 너무 멀지도 않게."

우리를 진정으로 행복하게 만드는 것 중 하나는

누군가 나의 가치를 알아주고

관심을 가져준다는 사실을 알았을 때입니다.

아무리 부와 권력을 가졌다고 해도

아무도 관심을 가져주지 않으면 불행합니다.

심리학자들에 따르면 사람들에게는

행복을 결정하는 두 가지 질문이 있다고 합니다.

첫째, 지금 내가 하고 있는 일이 나에게 의미를 가져다주는가?

둘째, 나와 주변 사람들과의 관계가 좋은가?

이 두 가지 질문이 사람들의 행복의 열쇠라고 합니다.

혼자라서 외로운가요?

세상 모든 풀들의 잎새 하나하나마다
그 잎새를 보호하는 천사들이 있고
그 잎새를 향해 천사들은 이렇게 속삭입니다.
"무럭무럭 자라렴. 내가 보호해줄게."

잎새 하나하나에도 천사들이 있는데,
우리 사람 한 명 한 명에게도 당연히 천사가 존재하지 않을까요?
외로워하지 말고
내 어깨 위의 천사에게 그동안 나를 돌봐줘서 고맙다고
인사하세요.

나를 물지 않는 모기가
내 방에 들어와 이틀째 동거 중.
그래, 그래, 우리 같이 살자.
이것도 인연이다.

"인간관계는 난로처럼 대해야 합니다.
너무 가깝지도, 너무 멀지도 않게."

우리는 끊임없는 관계 속에서 살아갑니다.

나와 가족, 친척, 친구, 동료, 이웃….

이 관계들이 행복해야 삶이 행복한 것입니다.

혼자 행복한 것은 그리 오래가지 않습니다.

우리의 가장 큰 스승은,

사람들과의 관계 속에서 얻는 배움이에요.

깨달았다고 해도,

관계 속에 불편함이 남아 있다면

아직 그 깨달음은 완전한 것이 아닙니다.

우리가
진정으로
노력해야 할 것

우리는 아름다운 외모나 좋은 집, 고급차, 명품 옷이나 가방을 갖기 위해 많은 금전적, 시간적 투자를 하지요. 하지만 그렇게 눈에 보이는 것이 아닌, 정작 자신의 행복의 근간을 이루는 '좋은 관계'를 위해서는 얼마나 투자를 하나요?

사실 우리가 사는 게 조금 힘들더라도 내 주변에서 나의 가치를 알아봐주고 애정 어린 관심으로 응원해주면, 그런 사람이 내 곁에 있다는 사실만으로도 커다란 행복과 삶의 용기를 얻습니다.

그와 반대로 아무리 물질적으로 좋은 환경과 조건을 가지고 있어도 인간관계에서 어긋나기 시작하면 아주 고통스러워하고 우울증에도 걸리며, 때론 너무나 힘든 나머지 자살까지도 생각하게 됩니다.

만약 당신이 아름다운 외모나 좋은 집과 고급차, 명품 가방을 얻기

"인간관계는 난로처럼 대해야 합니다.
너무 가깝지도, 너무 멀지도 않게."

위해 노력하고 있다면 이에 못지않게 좋은 인간관계를 맺기 위해서도 역시 많은 노력을 해야 하지 않을까요? 왜냐하면 아무런 노력 없이 좋은 인간관계가 저절로 형성되는 것은 아니니까요. 그렇다면, 어떻게 하면 좋은 관계 속에서 살아갈 수 있을까요? 어떻게 하면 사람들과 행복한 관계를 오랫동안 맺어갈 수 있을까요?

　　제가 이십대 때, 정말로 친한 도반 스님과 같이 계(戒)를 받고 보름 정도 배낭여행을 다닌 적이 있습니다. 정말 사이가 좋은 관계인지라 별 걱정 없이 여행을 시작했는데, 일주일 정도 지나고 나니 그렇게 좋은 스님인데도 같이 다니는 것이 힘들어졌습니다. 그래서 하루는 서로 따로 여행을 다니다 저녁에 다시 만나자고 했습니다. 제 마음을 눈치 챈 도반 스님 역시 흔쾌히 그러자 했습니다. 그렇게 따로 여행을 하니 심리적으로도 편안해지고, 낮에 혼자 다니면서 둘이 다니는 것의 장점들도 다시 상기하게 되고, 오늘 하루 자신에게 있었던 일들을 저녁 먹으며 이야기하니 외롭지 않아 좋았습니다.

　　이후 깨달았습니다. 관계의 기본 마음가짐은 첫째로, 사람 한 명 한 명을 난로 다루듯 해야 한다는 것입니다. 난로에 너무 가까이 가면 따뜻하다 못해 뜨거워 잘못하면 큰 화상을 입게 됩니다. 반대로 또 너무 멀리하면 난로의 존재가 있는지 없는지도 모르게 될뿐더러 아주 쌀쌀하고 춥게 됩니다.

　　즉, 아무리 마음이 잘 맞는 사람이라 할지라도 너무 오랫동안 바짝

옆에 붙어 있으면 꼭 탈이 납니다. 처음에는 참 좋았는데 밀착되는 관계가 오래될수록 점점 좋은 줄도 모르게 될 뿐만 아니라 지겨운 느낌과 구속받는 느낌이 생깁니다. 이럴 경우, 서로 간의 심리적 공간을 주는 시간이 꼭 필요합니다. 이는 절친한 친구나 사랑하는 연인, 세상에서 가장 소중한 가족 사이에도 해당됩니다.

둘째로, 사람들과의 관계 속에서 지금 힘든 순간을 겪고 있다고 생각되면 이 말을 기억하십시오.

"고개를 숙이면 부딪치는 법이 없다."

이 말은 조선 초 맹사성(孟思誠)에게 한 고승이 준 가르침입니다. 열아홉에 장원급제하여 스무 살에 군수에 오른, 뛰어난 학식의 맹사성은 젊은 나이에 높은 자리에 올라 자만심으로 가득했습니다. 그러던 어느 날, 맹사성은 그 고을에서 유명하다는 선사를 찾아가 물었습니다.

"스님이 생각하기에, 이 고을을 다스리는 사람으로서 내가 최고로 삼아야 할 좌우명이 무엇이라 생각하오?"

그러자 스님이 대답했습니다.

"그건 어렵지 않습니다. 나쁜 일을 하지 않고 착한 일을 많이 베푸시면 됩니다."

"그런 건 삼척동자도 다 아는 이치인데, 먼 길 온 내게 해줄 말이 고작 그것뿐이오?"

맹사성은 거만하게 말하며 자리에서 일어나려 했습니다. 그러자 스

"인간관계는 난로처럼 대해야 합니다.
너무 가깝지도, 너무 멀지도 않게."

님은 차나 한 잔 하고 가라며 붙잡았습니다. 그런데 스님은 맹사성의 찻잔에 찻물이 넘치는데도 계속 차를 따르는 것이었습니다. 이게 무슨 짓이냐고 소리치는 맹사성에게 스님은 말했습니다.

"찻물이 넘쳐 방바닥을 적시는 것은 알고, 지식이 넘쳐 인품을 망치는 것은 어찌 모르십니까?"

부끄러웠던 맹사성은 황급히 일어나 방문을 열고 나가려다 문지방에 머리를 세게 부딪치고 말았습니다. 그러자 스님이 빙그레 웃으며 말했습니다.

"고개를 숙이면 부딪치는 법이 없습니다."

살면서 나를 어렵게 하는 사람과의 관계에서는 사실 많은 경우 내가 나를 낮추면 어렵지 않게 일이 해결됩니다. 그런데 우리는 그 알량한 자존심 때문에 절대로 지려 하지 않고 고개를 꼿꼿이 세우며 자존심 대결을 벌입니다. 나를 좀 낮추면 금방 해결되는 일에도 그렇게 다투기 때문에 긴 시간 동안 마음 고생, 몸 고생, 시간 낭비를 하게 되는 것입니다. 또 시시비비를 가리는 동안 여러 사람을 싸움 속으로 끌어들이게 되면서 많은 사람들의 마음 또한 어지럽게 하고 다치게 만듭니다.

일례로, 저 같은 경우 누군가 저에게 다가와 "누구 종교가 과연 옳은지 나와 논쟁을 한번 해봅시다."라고 하면 저는 그분의 말씀을 경청한 후 "예, 제가 잘 몰랐던 부분을 가르쳐주셔서 감사합니다."라고 말합니다. 이러면 논쟁은 길어지지 않습니다. 그 자리에서 어디 한번 따져보자는 마음으로 논쟁에 가담한다면, 설사 이긴다 하더라도 결국 내 마음이 힘들어지고 상대방도 자존심이 다쳐 제 종교에 대한 이해보다는 미움만 더 커질 것입니다.

마지막으로, 좋은 관계를 잘 만들어가기 위해서는 내가 다른 사람으로부터 어떤 도움이나 선물, 칭찬 등을 받았다면 그 고마움을 잊지 않고 어떤 식으로든 은혜를 꼭 갚아야 한다는 것입니다.

우리 삶은 어떻게 보면 끊임없는 '주고받음'의 연속입니다. 일반적으로 '도움'이라고 생각하는 금전적인 도움뿐만 아니라 말로, 마음으로, 행동으로 서로에게 도움을 주고받으며 삽니다. 그런데 누군가에게 무엇을 주었는데 그것에 대한 고맙다는 회답조차 받지 못하면 상대에게 왠지 무시당했다는 느낌을 받게 되고, 그래서 관계가 더 이상 깊어지지 않는 경우를 종종 보게 됩니다. 반대로, 무언가를 주었는데 상대가 매우 고마워한다는 느낌을 받게 되면 우리는 다음에 또 뭐라도 도와줄 것이 없을까 하는 마음을 냅니다.

이러한 '주고받음'이 많아질수록 우리의 관계는 돈독해지고 정이 깊어집니다. 무엇을 주고받았는가가 중요한 것이 아닙니다. 서로 간에 오고 간 것이 있었다는 사실 자체만으로 관계는 아주 특별해지고 따뜻해집니다.

우리 개개인은 자라온 환경도 다르고 경험도 다르고 정서와 생각도

"인간관계는 난로처럼 대해야 합니다.
너무 가깝지도, 너무 멀지도 않게."

다 다릅니다. 그런 사람들이 관계를 맺고 살아야 하는 건 생각보다 쉽지 않은 일입니다. 그러니 눈에 보이는 외적 조건에 투자를 하고 가꾸어 가듯, 인간관계라는 행복의 필수 조건을 가꾸는 노력을 해야 합니다. 보왕삼매경에도 '남이 내 뜻에 따라 순종해주길 기대하지 말라.'고 했습니다. 내 뜻대로 되면 스스로 교만해지기 쉬우니, 나를 힘들게 하는 사람들이 모두 나를 가르치는 스승들이라고 여기며 지혜롭게 살아야 합니다.

오늘 하루, 당신을 힘들 게 한 사람도 당신의 스승이고, 당신을 기쁘게 한 사람도 당신의 스승입니다.

둘이 만나 열다섯이 되었네 116.7×91.0 캔버스 유채 2011

＇

외로우세요?

그 이유가 주변 사람들에게

내 마음의 문을 닫고 있어서 그런 건 아닌가요?

나는 그들보다 훨씬 뛰어나다.

나는 그들과는 차원이 다르다.

나는 그들을 이해할 수 없다.

이런 관념으로 꽉 차 있지는 않은가요?

그렇다면, 어찌 외롭지 않겠어요.

마음의 문을 열고 다가가보세요.

우리, 그렇게 서로 다르지 않아요.

＇

가끔씩 당신이 지친 모습을 보여줄 때,

내가 부족하나마 위로의 말을 전해줄 수 있다는 사실이

생각지도 못한 행복을 가져다줘요.

당신을 더 깊은 곳에서 만나고 있다는 느낌이

왠지 들어서 말이에요.

항상 옳은 이야기만 하는 사람들이 있습니다.

하지만 들어도 별 감흥이 없습니다.

그건 아마도, 그 옳은 이야기 속에

자신을 숨기고 있기 때문은 아닐까요?

다른 사람들과의 진정한 교감을 위해서는

자신의 깊고, 연약한 부분까지 다 보여줄 수 있어야 합니다.

망가지는 것도 용기가 있어야 해요.

내 스스로가 남들에 비해 대단하다고 느끼면

절대로 망가지지 못해요.

자기 자신을 내려놓고 소탈하게,

가끔은 망가질 수도 있어야

나와 사람들 사이의 벽이 와르르 무너지며 가까워집니다.

"인간관계는 난로처럼 대해야 합니다.
너무 가깝지도, 너무 멀지도 않게."

김밥은 매끈하게 썰어진 몸뚱이 것보다
맨 끝 자투리가 푸짐하니 맛있습니다.
사람도 너무 완벽하고 매끈하면 인간미가 덜하고
좀 어딘가 허술한 구석도 있고 솔직한 사람이
더 인간적이고 매력 있어요.

왜 그와 대화하면 재미가 없는 줄 아세요?
지켜야 할 예의 안에 갇혀서
솔직한 마음속 이야기를 할 수 없어서 그래요.
솔직한 이야기를 하면, 어떤 경우든 대화는 재미있어져요.

누가 나를 욕하면 나를 낮추십시오.
30초만 자존심을 버리고 나를 낮춰 "아이고 죄송합니다." 하면
그다음은 없습니다.
그런데 나한테 왜 그러냐고 따지면
꼬리에 꼬리를 물고 싸우면서 마음 고생하게 됩니다.

남에게 상처 주는 말을 잘하는 사람을 가만히 살펴보면
본인이 불행해서 그런 경우가 많습니다.
자라온 성장 배경이나 지금 처한 상황이 불행하니
나오는 말도 아프고 가시 돋쳐 있는 것입니다.
그런 사람 만나면 마음에 담아두지 말고
"니 참 불쌍타." 생각하고 넘어가십시오.

타인을 향한 비난은, 많은 경우
비난하고 있는 사람 자신의 콤플렉스와
연결되어 있는 경우가 많습니다.
또 비난하는 사람의 불행한 심리 상태가 그대로 드러나 있습니다.
그래서 가끔은 비난하는 사람이 오히려
애처롭게 보일 때도 있습니다.

"인간관계는 난로처럼 대해야 합니다.
너무 가깝지도, 너무 멀지도 않게."

똑같은 이야기도 이렇게 하십시오.

"너 어떻게 그렇게 서운한 소리를 하니?"

이것이 아닌,

"네 말을 듣고 나니 내가 좀 서운한 마음이 든다."

즉, 말할 때 상대를 향해 비난하는 투로 하지 말고,

나의 상태만 묘사하십시오.

이것이 좋은 대화법입니다.

서운하면 서운하다고 그 자리에서 바로 말하십시오.

그 자리에서 말하면 상대방이 '아차!' 합니다.

서운함을 느꼈던 시간과 그 서운함을 표현하는 시간이 길어질수록

나와 그 사람 사이의 강은 깊고 커집니다.

바로 이야기하지 못하면 감정이 쌓이게 되고,

나중에 그 이야기를 해야 할 때 서로를 아프게 만듭니다.

적이 많나요?

그렇다면, 남 흉보는 버릇부터 고치세요.

그리고 자신을 낮추고 겸손해지세요.

적을 만들지 않는 자가

적들을 다 싸워 이길 수 있는 힘을 가진 자보다

훨씬 더 대단합니다.

아주 시끄러운 모터사이클의 가장 큰 소음 공해 피해자는

운전자 자신입니다.

나이가 들어 귀가 잘 들리지 않는다고

다른 사람 원망하지 마십시오.

타인을 향한 욕도 마찬가지입니다.

욕으로 본인의 마음부터

가장 먼저 더럽혀지고 불편해졌으니까요.

"인간관계는 난로처럼 대해야 합니다.
너무 가깝지도, 너무 멀지도 않게."

아무리 서운해도 마지막 말은 절대로 하지 말아요.

그 마지막 말이

좋았던 시절의 기억마저도 모두 불태워버릴 수 있기 때문입니다.

사람은 변했어도, 상황은 달라졌어도

추억은 그래도 남겨둬야 하잖아요.

아무리 서운해도 마지막 말을 하지 말아야 하는 또 다른 이유는

내가 하게 되면 상대방 역시 아픈 마지막 말을 하기 때문입니다.

인간관계에서 조금이나마 여백을 남기려는 노력은

그만큼 당신이 성숙하다는 의미입니다.

당신이 싫다고 떠난 사람에게

가장 멋있게 복수해주는 길은,

당신 스스로를 위해 그 사람을 잊고

새로운 사람을 만나서 당신 스스로가 행복해지는 것입니다.

복수한다고 그가 불행해지길 바라고 질투를 한다면

그와의 인연이 악연이 되면서 삶이 자꾸 꼬이게 됩니다.

누군가를 험담했는데 그 사실을 모르는 그 사람이
나에게 와서 아주 따뜻한 말을 건넵니다.
그때 너무나 미안해져요.
복수는 이렇게 멋있게 하는 거예요.
사랑으로.

좋은 음악도 계속 들으면 질려요.
하지만 잊을 만했을 때 또다시 들으면 참 좋습니다.
이것은 음악 자체의 문제가 아니고
나와 음악과의 관계의 문제입니다.
이처럼 사람 자체가 나쁜 것이 아니고
그 사람과 나와의 관계의 문제입니다.

"인간관계는 난로처럼 대해야 합니다.
너무 가깝지도, 너무 멀지도 않게."

법구 비유경에 이런 말이 있습니다.

"향을 쌌던 종이에서는 향내가 나고,

생선을 묶었던 새끼줄에서는 비린내가 나는 것처럼

본래는 깨끗하지만 차츰 물들어 친해지면서

본인이 그것을 깨닫지 못한다."

가장 진한 물듦은

가랑비에 옷 젖듯이 천천히 스며들며 닮아가는 것입니다.

당신은 누구를 닮고 싶고

어떤 사람이 당신 주변에 있나요?

다른 사람을 도와주고

그것을 언젠가는 돌려받아야겠다는 마음이 남아 있으면

도와준 것이 아닙니다. 잠시 맡겨놓은 것입니다.

준다는 것은 받을 것을 생각하지 않는 것이고,

준 것을 내 마음대로 조정하지 못할 때

진정으로 준 것입니다.

어떤 사람과 이야기를 나누다

다른 사람 흠에 대한 이야기가 시작되면,

같이 동조하면서 말려들어가지 말고

같이 맞장구치며 그의 약점을 들춰내지 말고

다른 주제로 옮기세요.

너무 많은 말을 하다 보면

나도 모르게 좋은 말보다는 나쁜 말을 하기 쉽나니

말이 많아지면, 언제나 스스로를 단속하세요.

'말'도 물건과 같아요.

일단 말로 부탁을 받았으면,

할 수 있다, 할 수 없다를 즉시 판단하고

할 수 없을 때는 그 즉시 물건을 처리하듯

그 말을 거절해야 탈이 없습니다.

일단 물건을 받아놓으면,

그 책임은 나에게 돌아오기 때문입니다.

"인간관계는 난로처럼 대해야 합니다.
너무 가깝지도, 너무 멀지도 않게."

사람을 잘 쓸 줄 아는 사람은

일단 자신의 것을 많이 베풀어요.

반대로 덕 없이 원칙만 따져가며 남을 부리려 하면

결국 다 도망가요.

사람들이 주위에 많이 머물러 있는 사람은

사실 그만한 이유가 있는 것입니다.

잊지 마세요. 원칙만 가지고는 절대로 안 됩니다.

다산 정약용 선생이 재물을 숨겨두는 방법에 대해 쓰셨어요.

그 방법이 무척 지혜롭습니다.

"무릇 재물을 비밀스레 간직하는 것은 베풂만 한 것이 없다.

내 재물로 어려운 사람을 도우면,

흔적 없이 사라질 재물이

받은 사람의 마음과 내 마음에 깊이 새겨져

변치 않는 보석이 된다."

숨은 내 몸 안으로 들어와 내 몸의 일부가 됩니다.

내가 내쉰 숨은 다시 타인에게 들어가 그의 일부가 됩니다.

이처럼 숨 하나만 보더라도

우리는 서로서로 다 같이 연결되어 있습니다.

원하든 원하지 않든 간에

우리는 서로서로 연결되어 있다.

그래서 나 혼자만 따로 행복해지는 것은

생각할 수도 없다.

— 달라이 라마

한 알의 사과 안에는 온 우주가 담겨 있습니다.

땅의 영양분, 햇볕, 산소, 질소, 비, 농부의 땀이 들어 있습니다.

온 우주가 서로서로 의지하며 살아가고 있습니다.

내 안에는 그럼 무엇이 들어가 있을까요?

감사의 삶이 되시길 바랍니다.

"인간관계는 난로처럼 대해야 합니다.
너무 가깝지도, 너무 멀지도 않게."

3강

미래의 장

"삶은 다른 사람들과의 경쟁이 아닌,
나 자신과 벌이는 장기 레이스입니다."

작은 사람의 마을 162.0×130.3 캔버스 유채 2010

어떤 직업을
선택해야 할지
모르는 이들에게

대학 졸업을 앞두고, 혹은 졸업 후에도

어떤 직업을 선택해야 할지

본인은 잘 모르겠다는 분들 꽤 있어요.

일단 이것부터 말씀드리고 싶어요.

잘 모르겠는 것, 여러분 탓 아니에요.

우리는 초등학교 때부터 내내 주입식 교육을 받았고

고3 때 성적에 맞춰 적성과는 상관없이 대학과 전공을 선택했으며

방학 땐 어학 공부나 각종 자격증을 따기 위해,

남들이 다 하는 스펙 쌓기를 했습니다.

그런데 그러다 보니 한 번도 나 자신이 무엇을 재미있어하고

"삶은 다른 사람들과의 경쟁이 아닌,
나 자신과 벌이는 장기 레이스입니다."

무엇에 의미를 느끼는지 제대로 경험해본 적이 없어요.
그러니 당연히 모를 수밖에 없습니다.

이런 경우, 다음 세 가지를 해보세요.

첫째, 지금도 절대로 늦거나 뒤처진 것이 아니에요.
지금부터 정말로 다양한 경험을 최대한 많이 해보세요.
봉사활동도 해보고, 여행도 여러 곳 가보고,
아르바이트, 인턴십도 여러 군데 찾아서 해보세요.
문화생활도 해보고,
평소에 배우고 싶었는데 못 배웠던 것도 배워보세요.
종교생활도 해보고, 약자를 위해 싸워보기도 하고,
외국인 친구도 사귀어보세요.
다양한 경험을 하다 보면,
내가 무엇을 할 때 즐거워하고 의미를 느끼는지 알게 돼요.
남이 가르쳐주지 않아도 내 길이 보여요. 결코 시간 낭비가 아니에요.

둘째, 다양한 책들을 많이 보세요.
지하철에서 스마트폰만 열심히 하지 마시고 책을 보세요.
에세이, 국내외 여행책, 패션, 마케팅, 세계 경제와 관련된 책,
소설이나 시집, 마음 수행, 아동 교육, 자기계발서, 동서양 철학서,

요즘 유행하는 트렌드에 관한 책이나

시사, 경전, 만화, 심리학, 스포츠 관련 책들,

가리지 말고 보세요.

책은 세상을 바라보는 눈을 깊고 넓게 해주며

다양한 간접 경험을 하게 합니다.

셋째, 연애를 열심히 하세요.

나를 좋아해주는 사람, 내가 좋아 죽겠는 사람,

종류별로 만날 수 있으면 다 만나보세요.

만나지지가 않더라 하시는 분들은

사실 노력을 기울이지 않아서 그래요.

연애도 일하듯 노력해야 인연을 만날 수 있지,

살다 보면 언젠가 만나지겠지 하고 기다리면, 엄청 늦어집니다.

연애만큼 인간을 성숙하게 만드는 인생의 선생님은 없습니다.

또 내가 어떤 사람인가, 그 바닥, 그 밑천을 보여주는 것이

연애만큼 좋은 것이 없어요.

경험이 많으면 좋은 사람 알아보는 눈이 생겨,

좋은 사람 만나 결혼하고 이혼도 하지 않게 돼요.

그리고 본인이 안정되고 행복하면 자신감이 생겨

뭐든 더 잘할 수 있습니다.

"삶은 다른 사람들과의 경쟁이 아닌,
나 자신과 벌이는 장기 레이스입니다."

이 세 가지를 열정을 가지고; 다른 사람 눈치 보지 않으며,

느낌이 오면 그냥 행동으로 옮기세요;

그러면 돼요. 그러면 자기 스스로 그 과정 속에서 알게 돼요.

뭘 하고 싶은지, 또 내가 누구인지,

모든 가능성이 열려 있는 사랑하는 젊은 여러분, 파이팅, 응원합니다.

황혼 410.0×240.0 캔버스 유채 2005

`

내가 무엇에 관심이 있는지 잘 모르겠다는 분들이 계세요.

그건 아마도 내 자신이 주체가 되는 삶을 살지 못하고

다른 사람이 원하는 것을 들어주는 삶을 살아서입니다.

남을 만족시키는 삶이 아닌,

나를 만족시키는 인생을 사세요.

`

젊은 그대여,

잠깐의 뒤처짐에 열등감으로 가슴 아파하지 마세요.

삶은 당신 친구들과의 경쟁이 아닌,

나 자신과 벌이는 장기 레이스입니다.

친구들을 무조건 앞지르려고만 하지 말고

차라리 그 시간에 나만의 아름다운 색깔과 열정을 찾으세요.

"혜민 스님, 장차 법정 스님처럼 큰스님 되세요."
"네, 감사합니다. 하지만 전 법정 스님이 아닌
혜민 스님이 되고 싶어요."

누구처럼 되기 위해 살지 마세요.
하나밖에 없는 오직 내가 되세요!

이제 더 이상
남들이 좋다고 하니까,
아니면 친구들이 많이들 하니까
피라미처럼 이리 몰려다니고 저리 몰려다니고 하지 말아요.
내 주관을 세우고
스스로 독창적인 트렌드세터가 되세요.
기존의 패러다임을 당신이 뒤집으세요.

"삶은 다른 사람들과의 경쟁이 아닌,
나 자신과 벌이는 장기 레이스입니다."

＇

저에게 아이가 있다면 꼭 가르쳐주고 싶은 것이 있어요.

아무리 유명하거나 권력이 있거나 돈이 많아도

다 똑같은 사람이라는 것을요.

내가 별로 특별한 것이 없듯이

다른 사람도 특별하지 않다는 것을요.

그러니 살면서 너무 쫄 필요 없다고요.

＇

이것저것 다 파는 식당보다

전문요리 한두 가지를 아주 잘하는 식당이 더 유명하듯

아이들을 키울 때는

모든 과목을 잘하도록 요구하는 것보다

잘하는 분야를 깊이 있게 배울 수 있도록 도와주세요.

＇

공부 잘해서 시험 잘 보는 것만이 지성이 아니에요.

다른 사람이 느끼는 여러 가지 감정을 공감하며

같이 느낄 줄 아는 것도 지성입니다.

부모님들한테 부탁드리고 싶은 것이 한 가지 있어요.

아이들이 정말 잘되길 바란다면

아이를 향한 지금의 관심과 기대치를 일정 부분 낮추고

낮아진 수치만큼 관심을 자신의 부모님에게로 돌려주세요.

이러면 아이들이 더 잘 자랄 수 있어요.

우린 어려서부터 정해진 틀 안에서

남들과 경쟁하는 법만 배우고,

삶을 즐기는 법,

다른 사람을 진심으로 존중하는 법은

배우지 못한 것 같아요.

스스로 생각하는 법이나 점수화할 수 없는 재능 등을

어려서부터 가르쳐주고 키워주었다면

정말로 좋았을 텐데요.

"삶은 다른 사람들과의 경쟁이 아닌,
나 자신과 벌이는 장기 레이스입니다."

◆

왜 정말로 인생에서 중요한 것들은

학교에서 가르쳐주지 않는 것일까요?

예를 들어,

요리, 운전, 돈 관리법,

체중 조절법, 연애하는 법,

인간관계 처신법,

잘 듣는 대화의 기술,

실패한 후 일어서는 법,

마음을 가만히 들여다보는 법 등등.

◆

스펙을 쌓기 위해 어쩔 수 없이 스펙을 쌓는 것이 아니라

하나하나 배우는 과정이 즐거워서 배우고 싶은 것을 배우다 보니

스펙이 하나둘씩 쌓이도록 하세요.

과정의 즐거움이 빠지고 결과만 얻으려 하면

그게 바로 고통입니다.

과정을 즐기십시오.

사회봉사활동을 점수 때문에 시작했어도
하다 보면 봉사활동 자체에 의미를 느끼고
나도 몰랐던 내 안의 자비심을 어느 순간 발견하게 됩니다.
그래서 좋은 일은 어떤 계기로 어떻게 시작했던 상관없이
무조건 해보는 것이 중요합니다.

타이핑을 어떻게 하는지 먼저 배운 다음
컴퓨터 자판을 두들기겠다는 사람과
일단 되든 안 되든 자판을 두들기며 시작하는 사람이 있습니다.

영어를 잘하기 위해 일단 문법부터 마스터하고
외국인과 만나서 대화를 하겠다는 사람과
일단 바디랭귀지를 써서라도 맞부딪치면서 배우는 사람이 있습니다.

후자의 진보가 전자보다 대체로 더 빨라요.
왜냐하면 후자는 실수를 두려워하지 않기 때문입니다.

"삶은 다른 사람들과의 경쟁이 아닌,
나 자신과 벌이는 장기 레이스입니다."

세상엔 완벽한 준비란 없습니다.
삶은 어차피 모험이고 그 모험을 통해
내 영혼이 성숙해지는 학교입니다.
물론 심사숙고해서 결정해야 하겠지만
백 퍼센트 확신이 설 때까지 기다렸다
길을 나서겠다고 하면 너무 늦어요.
설사 실패를 한다 해도
실패만큼 좋은 삶의 선생님은 없습니다.

살다 보면 중요한 선택을 하고 나서
도장 찍기 바로 일보 직전에 머뭇거리는 순간이 꼭 와요.
이때 자신의 선택을 두고 주저하지 마세요.
많은 생각 후에 여기까지 오지 않았습니까?
무소의 뿔처럼 뒤도 돌아보지 말고 그 길을 가세요.

◗

그냥 소신 있게 밀고 나가요.

원래 세상 사람 모두를 만족시킬 순 없거든요.

소수의 비판이 두려워서

지금 내 의견을 말하지 않는 것이라면, 좀 그렇잖아요.

적이 몇 명 생길 수도 있겠지만

나를 더 많이 아껴주는 사람들도

이번 계기로 훨씬 더 많이 생길 거예요.

◗

너무 빼지 마십시오.

사람들이 불러줄 때가 적기입니다.

남들은 지금 그대로 괜찮다고 하는데도

자신이 끝끝내 준비를 더 해야겠다고 우겨

시간을 끌다 시기를 놓치면

준비가 다 됐을 때는 막상 아무도 부르지 않습니다.

너무 빼지 말고 도전하십시오.

"삶은 다른 사람들과의 경쟁이 아닌,
나 자신과 벌이는 장기 레이스입니다."

아침에 일어나, 스스로에게 속삭이십시오.

"나는 오늘

남이 시키는 일만 하는

수동적인 하루를 보내지 않겠습니다.

내 스스로 주도해서 이끄는

내 삶을 살겠습니다!"

이번 주에 꼭 이루고 싶은 목표를 하나 세우세요.

지금 바로 세우세요.

목표가 있는 것과 없는 것은 큰 차이가 납니다.

왜냐하면 우주가 곧 우리 마음이기 때문에

내가 품은 마음속 '한 생각'에서 모든 일이 시작됩니다.

마음을 거칠게 쓰면 몸도 거칠어집니다.

반대로 마음을 부드럽게 쓰면 몸도 같이 부드러워집니다.

아무리 소박한 꿈이라 해도
다른 사람들에게 이야기해보세요.
열 명 정도에게 말을 했을 때쯤에는
꿈이 이루어질 확률이 높아집니다.

마치 내 꿈이 벌써 이루어진 것처럼
자신감을 가지고 행동하세요.
그러면서 열심히 준비하세요.
그러면 신기하게도 그 꿈은 이루어집니다.

"삶은 다른 사람들과의 경쟁이 아닌,
나 자신과 벌이는 장기 레이스입니다."

휴일 280.6×80.3 캔버스 유채 2005

행복하고
의미 있는 삶을
위하여

　"완전 속았다!" 80년대 말, 내가 고등학교를 입학하고 한 달이 지나기도 전에 나는 내 생에 가장 큰 실망과 분노를 경험했다. 중학교 때까지만 해도 선생님이 시키는 대로 열심히 공부를 해서 전교에서 일이 등은 아니어도 꽤 잘하는 축에 들었다. 그래서 나는 담임선생님께 다른 반 친구처럼 외국어 고등학교에 진학해도 되는지를 물었다. 그런데 선생님께서는 외국어 고등학교는 스트레스가 많으니 일반 고등학교에 진학하는 것이 어떻겠냐고 말씀하셨다. 그래서 난 그 말씀을 따라 서울 강북에 위치한 한 일반 고등학교에 배정을 받았다.

　고등학교에 입학해서 반 배정을 받기 전에 나는 제2외국어를 독일어로 할 것인지, 불어로 할 것인지, 또 이과인지 문과인지 선택하라는 질문지를 받았다. 당시 아는 형의 조언에 따르면 그 학교는 전통적으로 '이과, 독일어반'이 성적이 좋다고 했다. 나는 적성이 이과가 아닌 문과에 가까웠다고 생각했기에 적성도 생각하고 성적도 고려하여 '문과, 독일어반'을 택했다. 그런데 입학식 첫날 신입생을 운동장에 세워놓고 독일어 선생님께서 나오시더니, 본인은 독일어보다는 불어가 세상에 더 유용하게 쓰인다고 생각하고, 본인이 아무리 독어 교사라도 자식들에게만큼은 불어를 가르치겠다고 하시며 45분간 불어 예찬론을 펼치셨다. 사실 뤽 베송, 레오 까락스, 장 자크 베넥스와 같은 감독이 만든 프랑스 영화를 아주 좋아했던 나는, 또다시 선생님의 설득력 있는 이야기에 넘어가 불어로 바꾸고 말았다.

그렇게 나는 속고 속았다. 막상 반배정을 받고 보니 현실은 달랐던 것이다!

열다섯 반 중에 불어반은 단 두 반뿐이었고, 예상대로 그 두 반은 성적이 가장 낮았다. 이 사실은 수업에 들어오는 여러 과목 선생님들에 의해 재차 확인되었다. 선생님 당신 스스로도 강남에 있는 8학군이 아닌 강북 변두리에 있는 학군에서 학생들을 가르친다는 사실이 싫으셨던지, 항상 우리를 강 건너 학교 아이들과 끊임없이 비교하셨다. 여러 선생님들에게 여러 차례 비슷한 이야기를 돌아가면서 듣고 있자니, 우리 반 아이들은 우리도 모르는 사이 고등학교 1학년 첫 학기 때부터 패배자로 낙인찍힌 기분이 들었다. 나는 선생님들이 하자는 대로 따랐을 뿐인데, 결과는 출발선부터 훨씬 뒤처진 느낌이었고 왠지 속았다는 느낌을 지울 수

"삶은 다른 사람들과의 경쟁이 아닌,
나 자신과 벌이는 장기 레이스입니다."

가 없었다. 마치 규칙을 잘 지키고 선생님 말씀을 잘 들으면 바보 취급을 받고, 재빠르게 주소를 옮겨 8학군으로 학교를 배정받거나 선생님들의 그 어떤 꾐에도 넘어가지 않으면 똑똑하고 능력 있는 사람으로 대우받는 분위기였다.

하지만 내 실망은 시작에 불과했다. 고등학교 생활이 계속되자 입시교육이 가져다주는 실망은, 단순히 학교가 좀 좋지 못하다, 아니면 다른 반에 비해 우리 반 성적이 떨어진다라는 점 이상의 것이었다. 아침 7시 30분까지 등교해서 밤 10시 자율학습까지 마치고 지친 몸으로 독서실로 향하면서, 내가 지금 암기하고 있는 이 많은 지식이 내 삶에 어떤 의미와 도움을 줄 수 있는지 전혀 납득할 수가 없었다.

내가 어떻게 사고하고 어떤 재능이 있으며 어떤 꿈을 가지고 있는지는 철저히 무시되었고, 그저 선생님들이 퍼주는 지식을 얼마나 빨리 스펀지처럼 빨아들이는가를 가지고 게임을 하는 것 같았다.

한번은 초겨울에 난로를 때자 학교 굴뚝으로 조개탄 타는 연기가 모락모락 피어올랐는데, 그 모습을 보고 있자니 내가 마치 학교가 아닌 공장에 있는 것만 같았다. 차가운 콘크리트 교실 바닥, 입시를 포기한 아이들에 대한 선생님의 매질, 굳게 닫힌 교문, 등수로 판단되는 아이들의 가치, 음악과 미술은 무시되고, 동아리 활동은 시간 낭비였다.

마치 학교는 정형화된 기계에서 우리를 똑같이 찍어내려는 듯했고, 그 주형에서 조금이라도 벗어나면 그 학생은 당장 불량품 취급을 받는 듯했다. 나는 학교 공부 말고도 삶의 총체적인 질문을 고민하곤 했는데, 이런 고민을 한다는 것 자체가 정해진 입시 교육 틀에서 벗어나 불량품으로 낙인찍히는 길이었다. 그 후 어느 순간부터 숨 막히는 우리나라 교육 환경에서 벗어날 결심을 했고, 우여곡절 끝에 미국에 처음 발을 디뎠을 땐 감옥과도 같았던 공장에서 드디어 탈출했다는 느낌뿐이었다.

하지만 내가 미국에서 교육을 받았고 또 현재 미국에서 대학생들을 가르치고 있는 교육자의 입장이라고 해서 미국 교육이 더 우수하다거나 우리나라 교육 현실을 비관적으로 보고 싶지는 않다. 주어진 상황이 다르고 역사, 문화, 언어가 다른데 무조건 어떤 방식이 좋다 나쁘다 말하는 건 이치에 맞지 않다. 단, 지금 숨 막히는 현실에서 지금도 분투하고 있는 많은 학생들에게 해주고 싶은 이야기가 몇 가지 있다.

첫 번째로, 다른 사람이 나의 가치를 등수나 점수로 매기고 그걸 강요하더라도, 내 스스로가 그걸 받아들이지 않는다면, 그것은 아무런 의미가 없다는 것이다. 개개인의 존엄의 가치는 다른 사람이 뭐라고 말하든 오직 자신만이 스스로 정의를 내릴 수 있기 때문이다. 공부라는 단 하나의 기준으로 사람 전체의 가치를 매기려는 것 자체가 사실 우스운 일이다. 누군가 나에 대해 평가하려 든다면 콧방귀를 뀌며 생각하라. '내 가치는 내가 안다!'

두 번째로, 나의 행복을 다른 사람과 비교하여 측정하려 한다면, 절

"삶은 다른 사람들과의 경쟁이 아닌,
나 자신과 벌이는 장기 레이스입니다."

대로 행복해질 수가 없다. 내 사형 스님이 해준 말이 있다. '세상은 아래를 바라보면 나보다 못난 사람들로 꽉 찼고, 또 위를 바라보면 나보다 잘난 사람들로 꽉 찼다.' 세상에는 나보다 훨씬 점수가 높은 사람, 조건이 좋은 사람이 수없이 존재한다. 때문에 그런 사람들만을 마음에 두고 그걸 행복의 가치라고 생각한다면, 우리는 죽을 때까지 행복을 찾을 수 없는 것이다. 계속해서 누군가와 비교하면서 '나는 불행하다.'고 느낄 것이기 때문이다. 남을 덜 생각하고 덜 의식할수록 우리의 행복지수는 높아진다.

세 번째로, 내 삶의 방향타를 내 스스로 잡고 가려는 용기가 필요하다. 다른 사람들이 정해놓은 삶의 지도를 그대로 따라가면 조금은 안전할 수는 있으나, 내가 내 삶의 주인이 될 수는 없다. 내 삶을 살고 싶다면 다른 사람이 뭐라고 판단하고 이야기하건 용기를 내어 내 길을 스스로 찾아야 한다.

네 번째로, 다른 사람의 생각을 답습하는 것에만 시간을 보내지 말고 그 생각들을 내가 또 어떻게 생각하는지 되묻는 연습을 해라. 다른 사람의 생각을 그대로 받아들이는 것은, 내가 지식의 주인이 되지 않는다는 것이고, 그런 지식은 아무런 의미도 없고 쓸모도 없다. 유명한 사람이 하는 말이니까, 나보다 더 많이 배운 사람의 말이니까, 이런 생각으로 그냥 받아들이지 말고 스스로 의심하고 따져봐라.

마지막으로, 진정한 행복을 원한다면, 남들이 가르쳐주거나 시켜서 어쩔 수 없이 하는 것이 아닌, 내 스스로 의미 있고 좋아하는 일을 찾아서 해라. 부모님도 선생님도 그 누구도 내 삶을 대신 살아줄 수는 없다. 삶의 대부분의 시간을 '남의 뜻'에 이끌려 살지, '내 뜻'으로 이끌고 살지, 그걸 결정하는 것은 오직 나 자신뿐이다. 나 자신이 무엇을 진정으로 원하고, 또 무엇을 하면서 의미를 느끼는지 스스로 찾아서 그것을 해라.

　예전의 나처럼 방황하고 힘들어하는 젊은 친구들에게 토닥토닥 작은 위로라도 해주고 싶은 요즘이다.

"삶은 다른 사람들과의 경쟁이 아닌,
나 자신과 벌이는 장기 레이스입니다."

＇

내 가치는 내가 가지고 있는 돈이나 학력이 아닌

내가 인생을 살아가면서

얼마나 사람들에게 베풀며 살았는가로

측정되어야 합니다.

그렇게 자신의 가치를 만들어가십시오.

＇

무슨 대학을 나왔는가가 중요한 것이 아닙니다.

대학 졸업 후에 어떤 삶을 살고 있는가가 중요합니다.

＇

구글에서는 새 직원을 채용할 때,

소수의 몇 명에게 맡겨놓는 것이 아니라

여러 명이 모여서 함께 선발한다고 합니다.

그 이유는, 사람이 본능적으로 자신과 비슷한 사람을

뽑으려 한다는 사실을 알기 때문이라고 합니다.

사람을 뽑을 때 딱 하나만 본다.

'나는 틀릴 수 있다.'고 말하는 사람이 좋다.

그러면 다른 사항은 볼 필요도 없다.

그렇게 말하는 사람은 자신감을 갖고 있고,

다른 사람과 합의를 이뤄낼 수 있다.

— 안철수

직장을 구할 때,

그 회사 직원들이 장기근무를 하는지,

아니면 자주 바뀌는지를 먼저 살펴보세요.

어쩌면 이 점이 회사의 규모나 급여보다 훨씬 더 중요한 것 같아요.

해고를 하지 않았는데도 사람이 자주 바뀌는 것은

분명 이유가 있는 것입니다.

113

"삶은 다른 사람들과의 경쟁이 아닌,
나 자신과 벌이는 장기 레이스입니다."

일을 처음 시작하려 할 때,

남들보다 더 잘하려고만 하니

겁이 나는 것입니다.

남들보다 더 잘하려 하지 말고

그냥 열심히 하려고 하십시오.

아주 잘하지는 못해도 열심히만 한다면

당신의 진정성에 감동해서

당신을 이해하고, 또 사람들이 곁에서 당신을 도와줍니다.

내 직장보다 훨씬 더 좋아 보이는 직장도

그 속을 아주 자세히 들여다보면

내가 전혀 상상하지 못하는 나름대로의 큰 고충이 있습니다.

그 사실을 깨닫는 순간, 내 현재의 직장에 큰 감사를 느끼게 됩니다.

유능한 상사가 되는 조건으로 흔히
부하 직원보다는 기술적인 분야에 있어서
더 많이 아는 것이라고 생각합니다.
하지만 실제로 그보다 훨씬 더 중요한 것은
부하직원과의 친밀도, 접근 용이성,
문제가 생겼을 때 적당한 질문을 통해 문제 해결을 유도하는
능력이라고 합니다.

상사는 일을 할 때
대외적으로 어떻게 비춰질지에 대한 염려가
우선시되어서는 안 됩니다.
그것은 이차적인 것입니다.
무엇보다도 그 일을 하면서
어떤 실질적인 변화가 부하 직원들과 고객들에게
돌아갈지에 대해 더 신경을 써야 합니다.

"삶은 다른 사람들과의 경쟁이 아닌,
나 자신과 벌이는 장기 레이스입니다."

지혜로운 지도자는 자기 팀 구성원을

모두 자신의 의견과 일치하는 사람으로만

채우지 않는다고 합니다.

나의 의견에 반대하는 사람도 있어야

자신이 보지 못하는 부분을 볼 수 있게 되기 때문입니다.

지혜가 없는 지도자일수록

모든 일을 자신이 다 나서서 간섭하고 조정하려 합니다.

결국 아랫사람들은 시키는 일만 하게 됩니다.

일을 시켰으면, 일을 맡은 사람이 책임지고

열심히 일할 수 있도록 믿고 기다려주는 것도

지도자의 중요한 능력입니다.

회사에 대한 충성도는
단순히 얼마나 늦게까지 일하고
휴가를 낼 수 있는데도 내지 않았는가에
있는 것이 아니라,
얼마나 효과적으로 일하고
회사에 어떤 구체적인 이익을 가져왔는가에서
찾아야 합니다.

우리는 첫술에 배가 부르길 원하죠.
첫 장사를 시작하거나
첫 책, 첫 음반, 첫 영화, 첫 전시회부터
기적처럼 사람들이 알아주길 바랍니다.
하지만 아쉽게도 그런 기적은 없습니다.
원인 없는 결과가 없듯
치밀한 분석과 노력, 그리고 연륜에서 나오는 내공이 없다면
어떤 일도 저절로 이루어지지 않습니다.

"삶은 다른 사람들과의 경쟁이 아닌,
나 자신과 벌이는 장기 레이스입니다."

무조건 원하는 대로 되는 것이
꼭 좋은 것만은 아닌 것 같아요.
모든 일이 자기 원하는 대로 쉽게 되면
게을러지고 교만해지며, 노력하지 않게 되고
다른 사람 어려움도 모르게 됩니다.
어쩌면 지금 내가 겪는 어려움은
내 삶의 큰 가르침일지 모릅니다.

서 있는 말에는 채찍질을 하지 않습니다.
달리는 말에만 채찍질을 합니다.
윗사람이 혼을 낼 때,
내가 지금 잘하고 또 잘 가고 있으니까
더 잘되라고 하는 경책으로 생각하고 감사히 받아들이세요.
그렇게 하면 내가 더 크게 됩니다.

성공하는 사람은
이미 성공한 사람에 대해 칭찬의 말을 하고,
실패하는 사람은
성공한 사람에 대해 비난의 말만 한다.
── 나폴레온 힐

돈보다 더 귀중한 것은
내가 가진 '자유'입니다.
좀 힘들어도
자유롭게 내가 원하는 방식의 삶을 사는 것이
남의 눈치 보며 돈을 조금 더 버는 것보다
훨씬 나은 삶입니다.
내 자유를 돈 주고 팔지 마세요.

"삶은 다른 사람들과의 경쟁이 아닌,
나 자신과 벌이는 장기 레이스입니다."

누군가 당신에게
당신 인생의 앞길을 잘 설계해놓았으니
그 길로 가면 성공한다고, 그 길로 가라고 강요한다면
그런데 그 길이 당신이 원하는 길이 아니라면
그냥 도망치십시오.
당신 삶을 사세요.
당신이 진짜 원하는 삶을!

세상에서 가장 애매하고 우매한 대답.
"아무거나."

어른들 가운데도 자기 스스로 결정하기보다
다른 누구에게 의지해서 다 결정해주었으면 하는
어린아이 같은 마음을 가진 이들이 많습니다.
그래서 세상에는 그 마음을 이용하는
그릇된 종교인들이 득세하는 것입니다.

◗

그 누구에게도 내 인생의 결정권을 주지 마십시오.

내가 내 삶의 주인입니다.

부처님도, 예수님도, 그 어떤 성스런 스승이라도

'나 자신'이 있었기 때문에 그분들의 성스러움도 존재하는 것입니다.

누구보다도 나를 더 사랑하십시오.

◗

제가 승려가 된 이유는,

이렇게 한 생을

끝없이 분투만 하다 죽음을 맞이하기 싫어서였습니다.

무조건 성공만을 위해서 끝없이 경쟁만 하다가

나중에 죽음을 맞게 되면

얼마나 허탈할까 하는 깨달음 때문이었습니다.

다른 사람들에 의해 만들어진 성공의 잣대에 올라가

다른 사람들에게 비칠 나의 모습을 염려하면서

그들의 기준점과 기대치를 만족시키기 위해

왜 그래야 하는지도 모르고 평생을 헐떡거리며 살다가

죽음을 맞이하고 싶지 않았기 때문이었습니다.

"삶은 다른 사람들과의 경쟁이 아닌,
나 자신과 벌이는 장기 레이스입니다."

번지점프를 하는 방법은

오직 한 가지입니다.

그냥 뛰는 것입니다.

생각이 많을수록 뛰기 어렵습니다.

생각이 많으면 많을수록, 하고 싶은 것 못하고

힘들고 어렵다는 말만 하게 됩니다.

그냥, 뛰십시오.

누구 덕 볼 생각이

눈곱만큼이라도 없으면

세상 누구 앞에서라도

당당할 수 있습니다.

사심 없는 청정한 삶을 살고 있다면

옳은 소리만 해도 두려울 것이 없습니다.

경봉 큰스님께서 말씀하셨습니다.

"우리가 사는 것이 전부 남의 다리 긁는 것과 같은 것이니,
마음을 뜻대로 하려면, '나'를 먼저 찾으십시오."

당신은 살면서, 진정으로 자신 뜻대로 살고 있는지요?
내 안의 주인공이 누구인지 아시는지요?

"삶은 다른 사람들과의 경쟁이 아닌,
나 자신과 벌이는 장기 레이스입니다."

4강

인생의 장

"다른 사람 눈치 보지 말고,
이것저것 너무 고민하지 말고!"

길 162.0×130.3 캔버스 유채 2003

인생,
너무 어렵게
살지 말자

나는 삼십대가 된 어느 봄날,

내 마음을 바라보다 문득 세 가지를 깨달았습니다.

이 세 가지를 깨닫는 순간,

나는 내가 어떻게 살아야 행복해지는가를 알게 되었습니다.

첫째는, 내가 상상하는 것만큼 세상 사람들은 나에 대해

그렇게 관심이 없다는 사실입니다.

일주일 전에 만났던 친구가 입었던 옷, 나는 잘 기억이 나지 않습니다.

얼굴 화장이나 머리 모양도 마찬가지입니다.

내가 내 친구에 대해 잘 기억하지 못하는데,

그 친구가 나에 대해 잘 기억하고 있을까요?

"다른 사람 눈치 보지 말고,
이것저것 너무 고민하지 말고!"

보통 사람은 제각기 자기 생각만 하기에도 바쁩니다.

남 걱정이나 비판도 사실 알고 보면 잠시 하는 것입니다.

하루 24시간 가운데 아주 잠깐 남 걱정이나 비판하다가

다시 자기 생각으로 돌아옵니다.

그렇다면, 내 삶의 많은 시간을

남의 눈에 비친 내 모습을 걱정하면서 살 필요가 있을까요?

둘째는, 이 세상 모든 사람이 나를 좋아해줄 필요가 없다는

깨달음입니다.

내가 이 세상 모든 사람을 좋아하지 않는데,

어떻게 이 세상 모든 사람들이 나를 좋아해줄 수 있을까요?

그런데 우리는 누군가가 나를 싫어한다는 사실에

얼마나 가슴 아파하며 살고 있나요?

내가 모두를 좋아하지 않듯, 모두가 나를 좋아해줄 필요는 없습니다.

그건 지나친 욕심입니다. 누군가 나를 싫어한다면

자연의 이치가 그런가 보다 하고 그냥 넘어가면 됩니다.

셋째는, 남을 위한다면서 하는 거의 모든 행위들은

사실 나를 위해 하는 것이었다는 깨달음입니다.

내 가족이 잘되기를 바라는 기도도 아주 솔직한 마음으로 들여다보면

가족이 있어서 따뜻한 나를 위한 것이고,

부모님이 돌아가셔서 우는 것도 결국
내가 보고 싶을 때 마음대로 볼 수 없는
외로운 내 처지가 슬퍼서 우는 것입니다.
자식이 잘되길 바라면서 욕심껏 잘해주는 것도 결국
내가 원하는 방식대로 자식이 잘되길 바라는 것입니다.
부처가 아닌 이상 자기 중심의 관점에서 벗어나기란 쉽지 않습니다.

그러니 제발, 내가 정말로 하고 싶은 것,
다른 사람에게 크게 피해를 주는 일이 아니라면
남 눈치 그만 보고, 내가 정말로 하고 싶은 것 하고 사십시오.
생각만 너무 하지 말고 그냥 해버리십시오.
왜냐하면 내가 먼저 행복해야 세상도 행복한 것이고
그래야 또 내가 세상을 행복하게 만들 수 있기 때문입니다.

우리, 인생, 너무 어렵게 살지 맙시다.

"다른 사람 눈치 보지 말고,
이것저것 너무 고민하지 말고!"

＇
나를 향해 이러쿵저러쿵 하는 말들을
적당히 무시하고 사는 법을 익히십시오.
일일이 다 마음을 쓰면 불행해집니다.
행복해지고 싶다면
다른 사람이 나에 대해 어떻게 생각하는지 걱정할 시간에
나 자신이 진정 하고 싶은 것을 하십시오.

＇
세상의 모든 사람들이 나를 좋아해줄 수는 없습니다.
누군가 나를 싫어하면 싫어하든 말든
그냥 내버려두고 사십시오.
싫어하는 것은 엄격히 말하면 그 사람 문제지 내 문제는 아닙니다.

＇
우리는 "그게 얼마나 어려운 일인데요!"라고
자신과 다른 사람들에게 이야기함으로써
그 일을 진짜로 어렵게 만듭니다.
그냥 하십시오.

죽기 전에
내가 꼭 가보고 싶은 곳들,
경험해보고 싶은 일들,
만나보고 싶은 사람들을 쭉 적어보세요.
그리고 그냥 그것들을 꾸준히 하세요.
하나씩 하나씩.
다른 사람 눈치 보지 말고,
이것저것 너무 고민하지 말고,
우리, 그렇게 살아요.

인생은 정해진 멜로디가 없는
즉흥 재즈 음악과도 같습니다.
삶 속의 모든 변수를 내가 조정할 수 없고,
그때그때 주어진 상황 속에서
나의 스타일을 찾아
내 음악을 만들며 살아야 하기 때문입니다.

"다른 사람 눈치 보지 말고,
이것저것 너무 고민하지 말고!"

삶에는 내가 컨트롤할 수 없는 영역이 많습니다.

자식이나 부모, 남편, 아내, 친구의 행복을 위해

기도해주고, 관심을 가져주고, 사랑을 줄 수는 있지만

그들의 행복은 결국 그들의 의지에 달려 있습니다.

할 수 있는 만큼 해주고 이제는

그들이 알아서 행동하고 책임질 수 있도록 놔두세요.

머리로 그려낸 계획 그대로 하면 일이 될 것 같았는데

그 계획을 현실에 적용하면 생각보다 잘되지 않습니다.

그 까닭은 바로,

현실은 내 머리가 예상할 수 있는 상황보다

훨씬 더 촘촘한 그물망 같은 여러 원인과 조건들로

가득 차 있기 때문입니다.

사실,

하나가 잘 이루어지지 않았기 때문에

둘이 이루어지지 않는 것입니다.

외국어 하나를 잘하면 둘, 셋도 할 수 있습니다.

가게 하나가 잘되면 둘, 셋도 또 운영할 수 있어요.

욕심을 내어 둘, 셋을 한꺼번에 하려고 하지 말고

하나를 먼저 제대로 하도록 노력하세요.

무언가를 하고자 하는 마음을 내는 순간,

바로 그 결과가 그 마음 안에 담겨져 있습니다.

부처가 되려는 마음 안에 벌써 부처가 자리하고 있고

예수님을 생각하는 순간 예수님도 나를 생각하십니다.

"다른 사람 눈치 보지 말고,
이것저것 너무 고민하지 말고!"

못생긴 나무가 산을 지켜요.
잘생긴 나무는 먼저 베여 목재로 쓰입니다.
진짜 고수는 뛰어난 체하지 않습니다.

생각은 크게 하고
실천은 작은 것부터 하십시오.
왜냐하면, 작은 생활의 변화에서
큰일을 해낼 수 있는 인연이 만들어지기 때문입니다.

예를 들어,
영어를 잘 하고 싶으세요?
신문에 있는 오늘의 생활영어부터 외우세요.
건강을 좀 챙기고 싶으세요?
잠을 평소보다 한 시간 일찍 주무세요.
살 빼고 싶으세요?
오늘부터 밤참 금지입니다.
중요한 컴퓨터 작업을 해야 하나요?
그러면 컴퓨터 방 청소부터 하세요.

어떤 생각을 하는가가 말을 만들고,

어떤 말을 하는가가 행동이 되며,

반복된 행동이 습관으로 굳어지면

그게 바로 인생이 되는 것입니다.

그러므로 처음에 어떤 생각을 일으키고

어떤 행동을 하는가가 아주 중요합니다.

마음이란 놈은 한 번에 두 가지 생각을 하지 못합니다.

그래서 '한 생각'이 전 우주를 막아버릴 수도 있어요.

좋은 일이든 나쁜 일이든 처음 일어난 한 생각에서 비롯됩니다.

그 첫 생각을 잘 단속하면 큰 재앙을 막을 수 있습니다.

우리는 틀린 말보다는 옳은 말을 듣기를 원하고

옳은 말보다는 진심이 들어간 말을 더 듣기를 원하며

진심이 들어간 말보다는

자신을 낮추고 남을 도와주는 행동을 더 원합니다.

"다른 사람 눈치 보지 말고,
이것저것 너무 고민하지 말고!"

﹅

지식은 말하려 하지만,

지혜는 들으려 합니다.

﹅

지혜롭지 못한 사람은

'나는 그 정도는 다 안다.'에서 시작하므로

새로운 것이 들어갈 틈이 없는 반면,

지혜로운 사람은

'나는 아직 모른다.'라는 마음으로

다른 사람 이야기에 귀 기울이니

더 큰 지혜가 쌓입니다.

﹅

깨달은 자는

전체의 흐름과 개별적 존재를 동시에 느끼는데,

무지한 자는

내가 만든 상(相)에 딱 맞아 좋거나, 맞지 않아 싫은

그런 몇몇의 개별적 존재들만 바라봅니다.

우리는 친구가 내 힘든 이야기를 들어준다고 해서

그 친구가 내 고민의 근본적인 해결책을 찾아줄 거라

생각하지는 않습니다.

그냥 들어준다는 것 자체가 고맙고 그것이 위로가 되는 것입니다.

누군가 다가와 자신의 힘든 이야기를 한다면

해결책을 찾으려고 하기보다는 먼저 진심으로 들어주세요.

내 안을 가만히 들여다보고 느꼈습니다.

내가 진정으로 원하는 것은

누군가가 나의 목소리를 경청해서 들어주고 공감해주고

나의 존재를 인정해주고 나의 가치를 알아주는 것이라는 걸.

그러기에 내가 당장 실천할 수 있는 자비행은

다른 사람의 말을 잘 들어주고 공감해주는 것이에요.

"다른 사람 눈치 보지 말고,
이것저것 너무 고민하지 말고!"

운전을 잘 못하는 사람은
운전 중에 브레이크 페달을 자주 밟습니다.
대화를 잘 못하는 사람은
대화 중에 상대방의 이야기를 끝까지 듣지 않고
자신의 이야기로 브레이크를 자주 겁니다.

사람은 짧은 시간 동안 남을 속일 수는 있어도
긴 시간 동안 속이기는 어렵습니다.
진정으로 이야기를 했는지,
자신이 원하는 것을 얻어내기 위해
그때만 그렇게 이야기했는지는
시간이 곧 가르쳐줍니다.
잠시 속여 원하는 것을 얻고 나서도
결국 속였다는 사실은
두고두고 평생 그를 따라다닐 것입니다.

아무리 엄청난 부와 권력을 가진 사람이라 하더라도
내가 그것들을 탐하지 않으면,
세상 사람들이 그를 아무리 대단하다고 여겨도
나에게는 사실 별거 아닌 사람일 뿐입니다.
오직 그가 가지고 있는 것이 부러울 때
그가 대단하고 무섭게 느껴지고 아부하게 되는 것입니다.

사기꾼들은 무조건 본인 말만 들으면
잘될 거라고 긍정으로 가득 찬 말만 늘어놓습니다.
그 말과 나의 욕심이 결합되면
결국 내가 속는 것입니다.

진정한 고수는 상대가 나를 이겼다고 생각하게 만들면서
실제로는 자신이 원하는 것을 다 얻습니다.
상대방 기분이 좋아져 내가 원하는 것을 다 들어주면
실제로는 내가 다 이긴 것입니다.

"다른 사람 눈치 보지 말고,
이것저것 너무 고민하지 말고!"

희한하지.
일을 잘하는 사람에게 돌아오는 상은
더 많은 일이라네.

"어렸을 땐 사는 게 진짜 만만했었는데
살수록 왜 이러냐.
인생이라는 게 있잖아,
아무리 찔러도 안 넘어오는 남자 같아."
— 드라마 〈내조의 여왕〉 중 김남주 대사

너무 쉽게 부탁을 들어주면
사람들은 그 고마움을 쉽게 잊습니다.
하지만 어려운 조건을 달아가며
겨우 겨우 부탁을 들어주면
오히려 더 고마워해요.
참 이상한 일입니다.

빛의 예감 162.0×130.3 캔버스 유채 2009

나는
무엇을 하는
사람인가

미국 뉴욕 맨해튼에서 승복을 입고 돌아다니다 보면, 가끔씩 흑인 꼬마 아이들이 내 앞에서 갑자기 이소룡 흉내를 내곤 한다. 처음에는 저꼬마들이 왜 그러지 생각했는데, 얼마 안 가 그 아이들 입장에선 승복을 입은 사람이면 '무술 하는 사람'이겠구나 싶어 웃음이 나곤 했다. 좀 더 적극적인 아이들은 내게 중국 소림사 스님들처럼 쿵푸를 할 줄 아느냐고 묻는다. 그때마다 나는 어설프게나마 쿵푸 폼을 잡고 싶은 충동이 들곤 한다. "이얍!" 기압을 넣으며 팔을 뻗고 다리를 올리고 강렬한 눈빛을 뿜고 싶은 충동!

한편, 아이들이 아닌 어른들의 경우 내가 한국에서 온 승려라는 사실을 알고 나면 호기심 가득한 눈빛으로 묻곤 한다.

"스님은 어떤 명상을 하세요?"

"하루 중 몇 시간이나 수행을 하시나요?"

이 질문을 받는 나는, 미국인들에게 승려의 가장 중요한 정체성은 '명상하는 수행자'라는 점을 알 수 있었다.

미국 아이들과 어른들의 반응은 서로 다른 것 같지만, 또 서로 통하는 부분이 있다. '승려'라고 한다면 그들은 내가 쿵푸, 혹은 명상을 하는 사람이라는 점이다. 즉 내가 '무엇을 하는 사람'에 초점이 맞춰져 있다는 점이다. 그 사람이 '무엇을 하는 사람'인가에 따라 그 사람이 누구이고 어떤 사람인가를 결정하는 서양인들의 사고방식인 것이다.

그리고 내가 한국에 올 때면 다른 물음들이 나를 기다리곤 했다. 한국에서 나를 보고 사람들이 묻는 첫 번째 질문은 대부분 같다.

"스님은 지금 어느 절에 계십니까?"

"어느 절에서 오셨습니까?"

스님의 문중이 어디이고, 원래 어느 절 소속이고, 지금은 어느 절에 있는지가 가장 중요한 관심사인 듯했다.

미국에 살고 있는 한인들 역시 처음 만난 사람들끼리는 통성명을 한 이후에 서로 이렇게 묻곤 한다.

"지금 어느 교회 다니세요?"

"절에 다니세요? 어느 절 소속이세요?"

이런 대화는 우리나라 사람들에게 어떤 사람의 정체성을 규정하는

"다른 사람 눈치 보지 말고,
이것저것 너무 고민하지 말고!"

데 그 사람의 '소속과 직위'가 얼마나 중요한가를 보여준다. 그 사람이 현재 무엇을 하고 있고 무엇을 할 수 있는지보다는, 지금 그 사람이 어떤 그룹에 소속되어 있는지가 더 중요하다고 생각하는 것이다.

어떤 한 사람을 알아가는 과정, 학교건 직장이건 일상생활에서 지속적으로 일어나는 이 과정에서 우린 이렇게 큰 차이를 지니고 있다. 고민 없이 주고받는 물음과 그 안에 담긴 생각들이, 미국에서 승려로 살고 있는 내겐 커다란 가르침으로 다가왔다.

우리나라에 올 때마다 느끼는 것은, 왜 한국인은 학벌에 그렇게 집착하는가 하는 점이다. 물론 미국이나 다른 서양에서도 좋은 대학을 나오고 공부를 많이 한 사람을 우대해주고 인정해준다. 하지만 나중에는 그들이 무슨 일을 어떻게 하는가가 훨씬 더 중요해지고, 무슨 대학을 나왔는가는 점점 무의미해진다.

실제 예를 들면 애플의 스티브 잡스 같은 경우, 미국 오리건 주 리드 대학에 입학하여 한 학기 공부하다 학교를 그만두었다. 미국 교육에 대해 잘 아는 사람이라면 리드 대학이 얼마나 좋은 대학인지 잘 인지하고 있겠지만, 동부 아이비리그만을 최고로 치는 보통의 한국사람의 경우 리드 대학을 서부에 위치한 듣도 보도 못한 하찮은 대학으로 치부하기 쉬울 것이다.

만약 스티브 잡스가 미국인이 아니고 한국인이었다면, 학벌이 받쳐주지 않아 그의 계획은 분명 난항을 겪었을 것이다. 아직도 우리나라 사람들 대부분은, 사람의 가치를 그 사람이 지금 하려고 하는 일에 두기보다는, 그가 어떤 그룹에 소속된 사람인지를 두고 가늠하기 때문이다. 아무리 애플과 같은 회사를 준비하려 해도 그가 하버드, 프린스턴, 예일을 나오지 못했으므로 '저 사람의 생각은 분명 별 볼 일 없을 거야.'라고 여겼을 것이고, 도움을 주는 사람도 없었을 것이다.

그래서 나는 안타깝다. 나는 '그 사람이 지금 무엇을 할 줄 알고, 또 무엇을 하려고 하는가?'에 초점을 맞추는 사회를 꿈꾸기 때문이다. 그 사람의 배경과 그 사람이 소속된 그룹에서 그 사람의 정체성을 찾다 보면, 그 사람의 '과거'만을 보고 '현재'를 보지 못하는 과오를 범하게 된다. 이런 상황에서는 좋은 배경에서 태어나 좋은 학교에 들어간 사람, 과거 경력이 좋은 사람만이 성공의 기회를 잡는 순환만이 지속되고, 수많은 가능성을 지닌 사람들이 좋은 배경, 좋은 과거를 지니지 못했다는 이유만으로 시도조차 하지 못한 채 실패의 길에 들어설 수밖에 없기 때문이다.

"쿵푸 할 줄 알아요?"라고 묻는 아이들, 승복을 입은 내 앞에서 폼을 재며 이소룡 흉내를 내는 그 흑인 꼬마 아이들을 볼 때마다 나를 경책하는 소리가 들리는 듯하다.

'나는 무엇을 하는 사람인가.'

나 역시 나 스스로를 '승려'라는 그룹 속에 넣어두고 내가 해야 할 진정한 일들을 등한시하지 않았던가?

"다른 사람 눈치 보지 말고,
이것저것 너무 고민하지 말고!"

'나는 어떤 눈으로 사람들을 바라보는가.'

나 역시 누군가를 만날 때, 그 사람이 소속된 그룹에서 그 사람의 가치를 판단하지 않았던가?

끊임없이 배우고 스스로를 경책하는 사람.

꼬마 아이들의 질문에 또 하나 배웠으니, 나는 지금 내가 '무엇'을 하는 사람인지, '무엇'을 해야 하는 사람인지, 제대로 한 걸음 내디뎠다 위안한다.

꽃 핀 나무 65.2×53.0 캔버스 유채 2009

인생은 짜장면과도 같습니다.

텔레비전에서 짜장면 먹는 모습을 보면

참 맛있어 보이는데

막상 시켜서 먹어보면 맛이 그저 그래요.

지금 내 삶보다 다른 사람의 삶을 부러워해도

막상 그 삶을 살아보면 그 안에도

나와 별반 다르지 않은 고뇌가 있습니다.

그러니 어떤 사람을 보고 부러운 마음이 생기면

'남이 먹는 짜장면이다!'라고 생각하세요.

식당에서 천 원 차이로 먹고 싶은 것 대신

조금 싼 것을 주문해서 먹는 경우가 있지요.

그런데 막상 음식이 나오면

먹으면서도 후회하고, 먹고 나서도 아쉬움이 남습니다.

인생 짧아요,

처음에 먹고 싶었던 걸로 고르세요.

우리 삶은 특별한 시간들보다 평범한 시간들이 더 많습니다.

은행에서 순번표를 뽑아 기다리고

식당에서 음식 나오길 또 기다리고

지하철에서 시간을 보내고

친구에게서 연락이 오면 문자를 보내고….

결국, 이 평범한 시간들이 행복해야 내가 행복한 것입니다.

집중만 하면 전화번호부 책도 재미가 있어요.

지금 삶에 재미가 없는 것은

내가 지금 내 삶에 집중하지 않았기 때문입니다.

어디를 가도 손님이 아닌 주인이 되세요.

절이나 성당, 교회에 갔을 때,

내가 손님이라고 생각하면 할 일이 하나도 없지만

내가 주인이라고 생각하면 휴지라도 줍게 됩니다.

회사에서도 마찬가지고, 어디에서도 마찬가지입니다.

"다른 사람 눈치 보지 말고,
이것저것 너무 고민하지 말고!"

＇

날씨가 추운 스웨덴, 노르웨이 사람들은

집 안 가구, 인테리어에 신경을 써서

가구, 집 디자인으로 유명해요.

날씨가 좋은 곳에 사는 이태리 사람들은

옷, 신발, 가방 등 외모에 신경을 써서

사람들이 잘 아는 명품들이 그곳에서 많이 나오고요.

당신은 지금 어디서 어떤 삶을 살고 있고

그래서 어떤 사람이 되었나요?

＇

우리는 보통 오천 원짜리 커피를 사서 마시는 것을

주저하지 않는다.

하지만 커피 두세 잔 값인

책 한 권 사는 것은 주저한다.

왜 그럴까?

일반 사람들을 상대로 실험을 했는데
와인 15달러짜리와 50달러짜리 두 가지 중
어떤 것이 더 고급인지 테스트를 해보면,
가격과 상표를 보지 않는 한
차이를 거의 느끼지 못한다고 하네요.
35달러를 더 내는 것은 결국
허영을 부리고 싶은 마음의 대가라고 합니다.

집이나 피아노같이 한번 사면 두고두고 써야 되는 것들은
내 분수에 맞다고 판단되는 '약간 좋은 것'보다
이왕이면 '가장 좋은 것'을 선택하세요.
지금은 약간 좋은 것 정도면 됐다고 생각하겠지만
시간이 어느 정도 지나면 꼭 후회하게 됩니다.

"다른 사람 눈치 보지 말고,
이것저것 너무 고민하지 말고!"

좋은 고객이란

"전문가가 알아서 잘해주십시오."라고 말하는 사람이 아닙니다.

자신이 원하는 것을 정확하게 알고

그것을 잘 전달하는 사람입니다.

그런 사람이 일을 훨씬 수월하게 만들어줘요.

왜냐하면, 말하지 않았다고 해서

그 속마음에 원하는 것이 없는 건 아니기 때문입니다.

어떤 문제가 생겼을 때

문제를 일으킨 당사자에게 직접 찾아가서 해결을 봐야지

그 주변 사람들을 통해 해결을 보려고 하면

일만 더 꼬이고 해결책은 나오지 않습니다.

거두절미하고, 불편해도 당사자를 직접 찾아가십시오.

알면 알수록
모른다 여기고,
모르면 모를수록
안다고 생각합니다.

사회 현상에 대해 단칼에 잘라 말하는 것은
대개 그 복잡미묘한 내용을 깊이 잘 모르기 때문입니다.

무언가를 배우는 데 가장 큰 장애는
모르는데 아는 체하는 것입니다.
모른다 이야기하고 바로 그 자리에서 배우면 되는데
아는 체하니까 계속 모르면서도 아는 것처럼 연극해야 합니다.
자존심을 버리고 솔직해지면 바로 얻을 수 있습니다.

"다른 사람 눈치 보지 말고,
이것저것 너무 고민하지 말고!"

．
나에게는

경험 없는 순수함보다는

상처받은 영혼들의 자애로움이

더 아름답게 보입니다.

．
누군가를 자꾸 설득하고 싶은 것은

사실 나 자신이 완벽하게 설득당하지 않아서일 수도 있습니다.

난 길거리를 돌아다니며 내가 남자라는 것을 믿으라고

떠들지 않습니다.

왜냐하면, 너무나 당연하니까요.

．
이 세상 최고의 명품 옷은 바로

자신감을 입는 것입니다.

생각이 신념으로 굳어지면
우리 삶 속에 존재하는 다양한 모습들은 보이지 않고
자신의 신념만 고수하려 합니다.
눈앞의 다양한 현실을 보지 못하게 하는 굳어진 신념은
그래서 위험합니다.

"그 사람은 너무 정치적이야."
이렇게 말하는 사람이 사실 더 정치적입니다.

누군가로부터 존경받는 일,
그건 참으로 쉽지 않은 일입니다.
삶의 목표를 부자보다는
다른 이들로부터 존경받는 사람이 되는 것으로 삼아보세요.

"다른 사람 눈치 보지 말고,
이것저것 너무 고민하지 말고!"

우리가 살면서 가장 큰 축복 중의 하나는
진정으로 존경할 만한 인물을 개인적으로 알게 되는 경우입니다.
세월의 때가 묻어 세상을 조소와 냉소로 바라보더라도
그 존경하는 인물은 마음속의 환한 등대처럼
삶의 기준점, 이상점이 되기 때문이지요.

삶이라는 투수는
우리가 전혀 예상하지 못하는 커브볼을
우리가 보기에는 아무런 이유 없이
그냥 우리를 향해 가끔씩 던집니다.
이럴 때 절망하지 말고,
내가 혼자가 아니라는 사실을 잊지 말고,
여름더위가 지나가듯 이것 또한 지나가리라는 생각으로
힘내야 합니다.

삼십대 중반이나 사십대에 들어서면서 문득 느껴요.

'아이고, 내 인생 결국 이게 다야? 고작 이거였어?'

그 슬프고 허전한 마음, 저도 알아요.

사람의 삶을 변화시키는 것은
옳은 말보다는
그 사람을 향한 사랑과 관심입니다.

"다른 사람 눈치 보지 말고,
이것저것 너무 고민하지 말고!"

5
강
·
사
랑
의
장

"사랑, 내 의지와는 상관없이 어느 날 문득
손님처럼 찾아오는 생의 귀중한 선물입니다."

평범한
그대를
사랑합니다

나는 평범한 그대를 사랑합니다.
"평범한 저에게까지 스님께서 직접 연락을 주시다니요."
이렇게 말하는 당신을 사랑합니다.

법회가 끝난 후
수줍은 듯 다가와 따뜻한 두유 한 병 건네며
"스님, 드릴 게 이것밖에 없네요."
도망치듯 사라지는
너무도 평범하다는 그대를 사랑합니다.

왜냐하면
우리 모두는 다
사실 알고 보면
지극히 평범하니까요.

아무리 돈이나 권력이 많다 하더라도
아무리 유명하고 큰 성공을 이루었다 하더라도
아무리 외모가 출중하고 머리가 똑똑하다 하더라도

사람과의 관계 속에서 힘들어하고
가족 때문에 마음 아파하고
누군가 함께 있어도 왠지 외로움을 느끼고
남들로부터 인정받고 싶어 하는
그 마음은 다 똑같은 것이니까요.

그래서 스스로를 평범하다고 하는
내 앞에 서 있는
소중한 그대를
사랑합니다.

"사랑, 내 의지와는 상관없이 어느 날 문득
손님처럼 찾아오는 생의 귀중한 선물입니다."

에메랄드의 저녁 116.7×91.0 캔버스 유채 2008

우리에게 사랑이 없다면

우리의 삶은 큰 의미 없이, 쏜살같이, 눈 깜짝할 새에

지나갈 것입니다.

사랑은 세상을 현재로 정지시켜놓는 능력이 있어요.

사랑이 있을 때 세상이 아름답게 보입니다.

아름다움을 느끼는 것은 내 안에 사랑이 있기 때문입니다.

삶 속에서 사랑이 메말라간다고 느끼는 순간순간,

아름다움을 주위에서 찾아 느껴보세요.

그곳에 사랑이 존재합니다.

당신이 아름다운 이유는,

다른 사람보다 더 멋있고 더 능력 있고 더 매력적이기 때문이

아닙니다.

세상에 당신 같은 존재가 당신밖에 없기 때문입니다.

특별한 당신을 당신부터 사랑하십시오.

"사랑, 내 의지와는 상관없이 어느 날 문득
손님처럼 찾아오는 생의 귀중한 선물입니다."

밤하늘 무수한 별들 가운데 하나를 봅니다.

지구의 많은 사람들 가운데 내가 지금 그 별을 봅니다.

사람과 사람의 만남도 이처럼 수천만 분의 일의

우연과 같은 필연으로 인연을 맺습니다.

사랑은

같이 있어주는 것.

언제나 따뜻한 마음으로

이야기를 들을 준비가 되어 있는 것.

그를 믿어주는 것.

사랑하는 그 이유 말고 다른 이유가 없는 것.

아무리 주어도 아깝지 않은 것.

그를 지켜봐주는 것.

●

내가 지금 느끼는 감정이

사랑인지 아닌지 헷갈릴 때가 있지요.

이럴 때 사랑인지 아닌지 알 수 있는

리트머스지와 같은 질문이 있습니다.

'내 것을 마구 퍼주어도 아깝지 않습니까?'

하나도 아깝지 않으면, 사랑입니다.

●

사랑이란 있는 그대로를 사랑해주는 것입니다.

사랑하는 이가 이랬으면 좋겠는데 하고 바라는 건

사랑이 아닌 내 욕심의 투영입니다.

내 인생을, 사랑하는 사람을 통해 살려고 하지 마십시오.

그 사람의 인생을 살도록 놓아주는 것이 진정한 사랑입니다.

●

사람과의 인연은, 본인이 좋아서 노력하는데도

자꾸 힘들다고 느껴지면 인연이 아닌 경우일 수 있습니다.

될 인연은 그렇게 힘들게 몸부림치지 않아도 이루어져요.

자신을 너무나 힘들게 하는 인연이라면 그냥 놓아주세요.

"사랑, 내 의지와는 상관없이 어느 날 문득
손님처럼 찾아오는 생의 귀중한 선물입니다."

사랑은 노력한다고 사랑하게 되는 것이 아닙니다.
노력이 들어간 사랑은 가짜예요.

영화나 연극 캐스팅을 하는 사람들은 많은 배우를 보지만,
그 역에 맞는 사람이 나타나면 첫눈에 알아본다고 하네요.
새 집이나 배우자, 다이아몬드 반지를 선택할 때도 마찬가지래요.
주저함이 남아 있으면, 아직 인연을 만나지 못한 것일 수 있습니다.

사랑을 하려면 좀 멋있게 하세요.
미련 남게 사랑하다가
이것저것 재면서 내 안에 담아만 두지 말고요.
내 영혼의 뿌리가 송두리째 뽑혀나가도 무서워하지 않을
그런 확신을 가지고 사랑해야지,
사랑 좀 했다 할 수 있지 않나요?
사랑이 힘든 것은 사실
다른 사람 때문이 아니고
내 스스로의 확신이 없기 때문은, 아닐까요?

젊은 그대여,
행동과 책임이 따르지 않는,
내가 그냥 좋아하는 감정을 갖고
사랑이라 쉽게 부르지 마세요.

그냥 좋아하는 감정이 아직 사랑이 아닌 이유는
그 마음의 출발이 그 사람에 있는 것이 아니고
나 좋은 것에서부터 시작하기 때문입니다.

사랑을 하면, 배려를 합니다.
배려는 남을 위해 무언가를 해주는 것도 중요하지만
하지 않아야 할 것을 하지 않고 참는 것도
매우 중요합니다.

"사랑, 내 의지와는 상관없이 어느 날 문득
손님처럼 찾아오는 생의 귀중한 선물입니다."

우리는 관심이라는 이름으로

다른 사람의 일에 끼어들기를 좋아합니다.

안 끼어들어도 되는 일에 도와준다면서

자기 자신과 상대를 힘들게 합니다.

그러나 그건 사랑에서 나오는 관심이 아닌,

자기 마음대로 하고 싶은 애착이거나

칭찬받고 싶어 하는 아이 같은 마음일 뿐입니다.

사랑이라는 이름으로 집착한다면

그 안에 이기적인 부분이 항상 존재합니다.

그 사람을 내가 만든 틀에 끼워 넣어

원하는 대로 조정하려 하는 것입니다.

진정한 사랑은 있는 그대로를 아끼는 것입니다.

봄날의 햇살은 있는 그대로의 존재들에

그저 따스한 햇살을 비춰줍니다.

내가 원하는 대로 바꾸려 하지 않습니다.

아무리 사랑하는 사이라 하더라도
너무 오랜 시간 착 달라붙어 있으면
힘들어지는 게 당연합니다.
사랑을 할 때는
같은 지붕을 떠받치는,
하지만 간격이 있는 두 기둥처럼 하세요.

잡으려 하면 끝끝내 떠나고,
진정으로 놓아주려 하면
이상하게도 본인 의지로 떠나지 않아요.
사람들이 이 이치를 알아야 하는데 말이지요.

사랑은 상대를 위해 무언가를 많이 해주는 것도 중요하지만
어쩌면, 같이 있어주는 것이
더 깊은 사랑의 표현일 때도 있습니다.

"사랑, 내 의지와는 상관없이 어느 날 문득
손님처럼 찾아오는 생의 귀중한 선물입니다."

사랑,
내가 사라지는
위대한 경험

사랑하는 이여, 우리 둘 사이에는
이름 모를 신(神)이 존재합니다.
— 칼릴 지브란

칼릴 지브란 책을 접한 건 고등학교 1학년 때였다. 그가 어떤 사람인지, 어느 나라 사람인지도 모른 채 그의 글에 빠져들었다. 사랑 경험도, 인생의 쓴맛도 맛보지 못한 나이였지만 그의 영혼의 순례와도 같은 글들은 사춘기였던 나를 사로잡았다. 지금 생각해보면, 그의 글들이 나조차도 알 수 없던 내 안의 신성한 세계로 어린 나를 인도했던 건 아닐까?

나는 그의 책 《예언자》, 《사람의 아들 예수》를 읽으며 서양 종교에 대한 이해를 넓혔고, 선과 악으로 나뉘는 딱딱한 교리적 해석이 아닌 종교가 얼마나 아름답고 신비로운 것인지를 깨달을 수 있었다. 내가 지금 승려이지만 예수님에 대한 깊은 존경이 있는 것은 어쩌면 어린 나이에 칼릴 지브란을 만났기 때문이 아닌가 하는 생각도 든다. 그래서 나는 아직도 그에게 크게 감사한다.

그리고 그때 그 나이, 나를 더욱더 두근거리게 만든 건 칼릴 지브란과 그의 영적 동반자인 메리 해스켈이 나눈 사랑의 편지였다. 아직 사랑을 경험해보지 못한 십대 소년의 마음을 뒤흔든 그의 글들.

나는 독서실에서 혼자 공부하며 보낸 많은 긴 밤들을 칼릴 지브란의 시로 마감했다.

보이는 사랑은 작습니다.
그것 뒤에 있는
거대한 사랑에 견준다면….

그의 글에 담긴 사랑과 영성의 성스러운 어울림은 나를 알 수 없는 깊은 감동으로 밀고 갔다. 사랑이란 걸 해본 적도 없으면서, 글 속에 담긴 사랑이 이미 내 사랑의 경험인 것처럼 가슴을 파고들었다.

사랑이 그대들을 손짓해 부르거든 그를 따르십시오.
비록 그의 길이 힘들고 가파를지라도.

"사랑, 내 의지와는 상관없이 어느 날 문득
손님처럼 찾아오는 생의 귀중한 선물입니다."

사랑의 날개가 그대를 감싸 안으면 그에게 몸을 맡기십시오.
비록 그 날개 속에 숨겨진 칼이 그대들에게 상처를 입힐지라도.

언젠가 나에게도 사랑이 찾아온다면 나 역시 칼릴 지브란의 말처럼 아무런 계산이나 두려움 없이 오직 사랑에 내 존재를 맡기겠노라 다짐했다. 그 사랑 뒤에 정말로 깊은 아픔이 존재한다 하더라도 그 길을 묵묵히 걷겠노라고 스스로에게 말했다.

하지만 알다시피 사랑이란 그렇게 마음속으로 만반의 준비를 한다고 해서 오는 게 아니었다. 오히려 사랑이란 녀석은 마음을 쓰면 쓸수록 더 멀어지는 성격을 갖고 있었다.

그리고 한참이 지난 어느 날, 아침 일찍 잠에서 깨어나다 문득 알게 되었다. 나에게도 그토록 그리던 사랑이 찾아왔다는 사실을. 그리고 그 사랑은 내 의지와는 전혀 상관없이, 아니 오히려 내 의지에 반하여 자기 마음대로 찾아왔다는 사실을.

승려가 첫사랑을 고백하는 건 무척이나 쑥스러운 일이지만, 그랬다, 그때가 내 첫사랑이었다. 준비가 되었건 되지 않았건 나의 계획이나 의지와는 전혀 상관없이 불쑥 내 마음의 문을 열고 들어오는 처음 보는 귀중한 손님. 그게 내가 정의하는 첫사랑이다.

그분은 미국에서 온 선교사였다. 일곱 살 연상의 그녀는 나와 친구들에게 영어를 가르쳐주었고, 우리는 그녀가 한국어를 잘할 수 있도록 도와주었다. 그녀와 나는 언어 공부 이외에도 공통 관심사가 많았는데, 엔야의 음악을 좋아했고 뤽 베송 감독의 영화, 레미제라블 같은 뮤지컬을 좋아했다. 그래서 나는 그녀를 만날 때면 그녀가 좋아할 만한 음악을 녹음한 테이프를 준비하곤 했다. 그러면 그녀는 직접 구운 쿠키나 파이를 나에게 선물로 주었다. 나는 그녀를 만나 서로의 언어를 배우고 음악 이야기, 철학 이야기를 하는 걸 좋아했다. 둘만 따로 만날 시간이 없었음에도 불구하고 나는 그녀와의 다음 만남을 항상 기대했다. 그리고 그 기대감이 단순한 설렘이 아닌 사랑이었음을 곧 깨닫게 된 것이다.

하지만 이 사랑이 이루어질 수 있겠는가. 애초에 짝사랑이 될 수밖에 없는 운명이었다. 그녀가 보기에 나는 어린아이에 불과했다. 그리고 그녀는 선교사로 활동하다 반년 후 미국으로 돌아가기로 예정돼 있었고, 미국엔 그녀의 오랜 연인도 있었다. 이렇게 명확한 걸 가지고, 에휴…. 근데 알다시피 이게 내 마음대로 되는 일이 아니지 않은가.

사랑이 오면 사랑은 내 삶의 작은 일부가 아닌 내 삶의 전부가 된다. 오직 사랑 하나만을 남겨놓고 다른 모든 것들은 부차적이고 중요하지 않은 존재로 만들어버린다. 생각은 항상 그녀 주위를 빙빙 돌고, 나의 에고의 벽은 사랑 앞에 하나씩 무너져 완전한 무방비 상태가 되어간다.

그녀를 생각하면 세상에서 가장 높은 곳에 올라 따뜻한 햇볕을 쬐고 있는 듯한 행복감을 느꼈고, 그녀가 미국으로 돌아가야 하는 시간이 가까워질수록 나는 내 영혼의 뿌리가 송두리째 흔들리는 듯한 느낌을 경

"사랑, 내 의지와는 상관없이 어느 날 문득
손님처럼 찾아오는 생의 귀중한 선물입니다."

험했다. 정말 무척 행복하면서도 너무도 아팠다.

그녀가 귀국하는 날이 보름 앞으로 다가오자, 내 안의 이기심들은 서서히 사라지며 내가 완전히 사라져버리는 듯한 기분이 들었다. 나는 사람들에게 말하곤 한다. '그냥 쉽게 좋아하는 감정을 사랑이라 부를 수 없는 이유는, 그 마음의 출발이 그 사람이 아니고 나 좋은 것에서부터 시작되기 때문.'이라고. 그때 나는 마치 내 안에 그녀만이 존재하는 듯한 경험을 했다. 나 좋은 것이 아닌, 그녀의 존재로부터 세상 모든 것이 시작되는 듯한 감정.

아! 이래서 칼릴 지브란은 사랑하는 사람과 나 사이에 이름 모를 신(神)이 존재한다고 했구나! 그때야 비로소 알 수 있었다. 이미 알고 있다고, 이미 이해했다고 생각했던 그 모든 말들은 내게 새로운 의미를 부여해주었다. 그 후 나는 내 스스로가 많이 성숙해진 기분이었고, 세상을 바라보는 눈길 또한 많이 변해 있음을 느낄 수 있었다.

그녀가 한국을 떠나고 3년 후, 나는 그녀로부터 편지 한 통을 받았다. 그녀의 결혼 소식을 알리는 편지. 오랜 연인과 드디어 결혼식을 올리게 된 것이었다. 당시 미국에서 대학생활을 하고 있던 나는 그녀의 결혼을 축하해주기 위해 비행기를 타고 남부로 내려가고 싶었지만 그러지 못했다. 그럴 돈도, 시간도 없었다. 하지만 그보다 나를 막아섰던 것은, 결혼하는 그녀를 보고 내 자신이 힘들어하지 않을까라는 두려움이었다.

작은 선물을 준비해서 소포로 부치는 것으로 축하를 대신할 수밖에 없었다.

그리고 그녀를 다시 만난 건 그 후 두 해가 더 지나서였다. 대학 친구들과 함께 졸업을 기념하며 자동차로 대륙 횡단 여행을 떠났을 때, 그녀가 사는 지역에 들러 만난 것이다. 그녀와 함께 우리를 반갑게 맞이해 준 그녀의 남편은 그녀처럼 선량하고 좋은 사람이었다.

대학 졸업 후 나는 보스턴 근처의 캠브리지에 살면서 석사 공부를 하게 되었다. 19세기 말, 칼릴 지브란의 가족이 레바논에서 처음 미국으로 이민을 와 정착했던 곳이 바로 보스턴의 사우스 앤드라는 동네였다. 그 당시만 하더라도 사우스 앤드는 대서양을 건너온 레바논 이민자들이 모여 사는 보스턴의 대표적 슬럼가였다고 한다. 하지만 지금은 전형적인 뉴잉글랜드풍의 아름다운 붉은 벽돌 건물들이 즐비한 아름다운 동네다. 칼릴 지브란은 이곳에 살면서 이민자 아이들이 다니는 학교에서 영어를 처음 배우기 시작했고, 그의 그림 실력을 알아본 선생님의 도움으로 화가로서도 인정을 받게 된다. 1904년, 처음 가진 개인전 때 열 살 연상의 메리 해스켈은 그의 예술성과 천재성에 매료되어 평생 그를 후원했다. 그리고 칼릴 지브란은 메리 해스켈에게 꾸준히 사랑과 삶의 성찰이 담긴 편지를 보냈고, 바로 그 편지들이 내 십대, 그리고 지금까지도 내 심장에 깊게 파고들어 남아 있는 것이다.

"사랑. 내 의지와는 상관없이 어느 날 문득
손님처럼 찾아오는 생의 귀중한 선물입니다."

사랑이 그대에게 말하거든 그를 믿으십시오.
비록 사랑의 목소리가 그대의 꿈을
모조리 깨뜨려놓을지라도.
사랑은 그대의 성숙을 위해 존재하지만
그대를 아프게 하기 위해서도 존재합니다.

칼릴 지브란의 애정 어린 편지를 받던 메리 해스켈은 보스턴을 떠나 미국 남부로 이사를 하고, 3년 뒤 칼릴 지브란에게 결혼 소식을 알렸다. 연상의 그녀들, 미국 남부로 떠나 3년 뒤 결혼 소식을 알린 그녀들, 칼릴 지브란의 사랑과 나의 풋사랑의 공통점을 발견하며 나는 마음속으로 내 사랑을 더 키우고 포장했던 듯도 싶다.

지금 생각해보면 이토록 아무렇지도 않은데, 그때는 얼마나 가슴이 에이고 아팠는지…. 애틋한 마음은 사라졌지만 그곳엔 그녀에 대한 감사로 채워졌다. 사랑을 경험하게 해주어서, 내가 사라지는 경험을 하게 해주어서, 내 안에 나 자신이 아닌 타인으로 가득한 경험을 하게 해주어서, 그 위대하고도 신성한 감정을 알게 해주어서….

빛의 예감 259.0×194.0 캔버스 유채 2009

이런 조건, 저런 조건,

내 마음에 드는 사람을 골라 사랑해야지, 하면

사랑이 오지 않습니다.

왜냐하면 사랑은 내가 하는 것이 아니고

사랑이 사랑을 하는 것이기 때문입니다.

나를 행복하게 해줄 사람이 아니고

나 자신이 없어지는 사랑,

사랑할 수밖에 없기 때문에 하는 사랑,

그런 사랑이 진정한 사랑이 아닐까요?

사랑을 할 때

조건을 보고 사랑을 하게 되면

그 조건 때문에 나중에 헤어지게 됩니다.

사랑은 '무조건'으로 하는 것입니다.

사랑은 편합니다.

사랑은 따뜻합니다.

사랑은 자유롭습니다.

사랑은 아이처럼 순수합니다.

사랑은 다른 의도가 없습니다.

나와 다른 사람과의 친밀도를 측정할 수 있는 방법은?

내가 그 사람 앞에서 얼마나 어린아이처럼 굴 수 있는가?

사랑하면 누구나 어린아이가 됩니다.

나 역시 교수가 되기 위해 대학을 알아볼 때

직장을 구한다는 것은 연애하는 것과 비슷하다고 생각했습니다.

내가 그를 좋아해도 그가 나를 싫어할 수 있고

그가 나를 좋아해도 내가 싫을 수 있고,

둘 다 좋은 경우는 참 쉽지가 않은 것 같습니다.

"사랑, 내 의지와는 상관없이 어느 날 문득
손님처럼 찾아오는 생의 귀중한 선물입니다."

맛있는 밥을 짓기 위해서는
뜸 들이는 시간이 필요하듯
밀고 당기기의 시간은
연애의 성패를 좌우합니다.

'밀당'도 사실 필요해요.
상대가 나에게 5를 주었는데,
내가 상대를 더 사랑하여 15를 주는 것이
뭐가 잘못된 것이냐고 묻는 이들이 있어요.
하지만 너무 주기만 하는 사랑은
처음에는 좋으나 시간이 갈수록
상대는 당연하다고 여기고, 나는 지쳐가기 마련입니다.

'밀당'은 두 사람의 감정의 균형을 맞추는 시간입니다.
어느 한쪽이 더 좋아하면
상대방의 감정과 균형을 맞춰야
제대로 사랑할 수 있습니다.
그래서 '밀당'의 기본은, 좋아도 잠시 참는 것입니다.

"스님, 제가 그 젊은 교수님께 속으로 엄청 짜증을 냈거든요.
처음엔 그분이 싫어서 그런 줄 알았는데, 알고 보니
그 교수님한테 관심을 받고 싶은데 못 받으니까 그런 거더라구요."

나는 오늘 배웠어요.
이유 없는 짜증은 짝사랑의 표현이구나….

초등학교 다닐 때,
나를 못살게 굴던 나보다 키가 큰 여자아이가
사실은 나를 좋아해서 그랬다는 것을 알았을 때,
인간의 심리가 얼마나 복잡한지 이해하게 되었습니다.
잘 모르는 이가 당신을 이상하게 힘들게 하면 의심하세요.
당신에게 관심받고 싶어서 그런 걸 수도 있으니까요.

"사랑, 내 의지와는 상관없이 어느 날 문득
손님처럼 찾아오는 생의 귀중한 선물입니다."

◆

사람들이 가장 고통스러워하는 것 중 하나는

내가 관심받지 못하고 외면당하고 있다는 느낌입니다.

나도 모르게 소외시킨 사람은 없는지 둘러보세요.

그리고 내가 당신을 이해하고 싶다는 마음으로

그의 말을 들어주세요.

◆

다른 사람에게 서운함을 느꼈을 때

우리는 비로소 우리가 예전에 비슷한 방식으로

서운하게 했던 사람의 얼굴을 떠올리며

그때서야 그 사람에게 진정으로 미안함을 느낍니다.

◆

관계가 깨질 때처럼 적나라하게

내 밑천을 보여주는 경우는 없습니다.

마음의 치졸함의 끝에서 한 발만 양보하십시오.

그 한 발은 보통 때의 열 발보다 훨씬 위대합니다.

그리고 내 고통의 시간을 단축시켜줍니다.

◦

머리로는 헤어져야 되는 것을 아는데

실제로는 그렇게 하지 못하는 이유가 무엇인 줄 아세요?

우리의 감정은 머리로 아는 것보다

훨씬 더 깊숙이 존재하고 있기 때문입니다.

머리가 그만 헤어져라 해도

내 안의 감정이 정리되는 속도는 훨씬 천천히 진행됩니다.

그러다 어느 순간 상대방으로부터 결정타를 맞는 일이 생깁니다.

그 사람이 말로, 행동으로 나에게 결정타를 날리는 순간,

내 가슴속 그와의 불빛이 정리되어 소멸됨이 보입니다.

◦

길가에 떨어져 있는 은행나무 열매는

사랑이 끝나 완전히 만신창이가 된 연인들을 연상케 합니다.

나무에 맺혀 있을 때는 좋았던 그 열매가

땅에 떨어져 사람들에게 밟히면서 뜻밖의 냄새가 납니다.

인연을 잘 마무리하려는 노력은

처음 만나서 설레었을 때 기울였던 노력만큼은 해야 예의인 것 같아요.

"사랑, 내 의지와는 상관없이 어느 날 문득
손님처럼 찾아오는 생의 귀중한 선물입니다."

ˎ

한 사람과의 관계가 완전히 깨지고 난 뒤에도
그 사람에 대해 나쁘게 이야기하지 않는다면,
그것이야말로 진정한 사랑을 했다는 증거입니다.

ˎ

3년 전엔 버리기 아깝다고 느꼈던 물건들을
방 정리를 하면서 지금 버리려고 내놓는
나를 보면서 느꼈습니다.
물건들과 헤어질 때도
사람과 헤어질 때처럼
마음 정리할 시간이 필요했었구나.

ˎ

헤어지고 나서
한참의 시간이 지난 후,
마음속 집착 없이
'그가 행복했으면 좋겠다.'라는 생각이
길을 걸어가다 문득 들면
나도 다시 행복해질 준비가 되었다는 신호입니다.

사람 때문에 입은 상처는 사람에 의해 다시 치유된다는 말,
절대로 틀리지 않아요.
하지만 그 전에 나를 아끼고 사랑해주는
나 자신만의 시간이 필요해요.
그 시간 없이 바로 새 사람을 만나면
새 사람을 사랑하는 것이 아니고
잘못하면 이용하는 것이 됩니다.

좋은 인연이란?
시작이 좋은 인연이 아닌
끝이 좋은 인연입니다.
시작은 나와 상관없이 시작되었어도
인연을 어떻게 마무리하는가는
나 자신에게 달렸기 때문입니다.

"사랑, 내 의지와는 상관없이 어느 날 문득
손님처럼 찾아오는 생의 귀중한 선물입니다."

6강 • 수행의 장

"내 마음도 내 뜻대로 하지 못하면서
무슨 수로 다른 사람을 변화시킬 수 있겠는가?"

그저
바라보는
연습

"스님 마음이 울적해요. 저 어떻게 해요?"

그냥 그 마음 가만히 내버려두세요.
내가 붙잡지 않고 가만히 내버려두면, 그 마음
자기가 알아서 저절로 변합니다.

마당에 있는 나무 보듯,
강가에 앉아 흐르는 강물 바라보듯,
내 것이라는 생각이나 집착 없이
그냥 툭, 놓고 그 느낌을 그저 바라보세요.
'울적하다'는 말 뒤에 숨은 언어 이전의 느낌 자체를

2, 3분만 숨죽여가며
조용히 관찰하다 보면
미묘하게 그 감정이 계속 변해가는 것이 보입니다.

그 울적한 느낌은 '내가 만들어야지….' 하며
의도적으로 만든 것이 아니기 때문에,
인연에 따라 잠시 일어난 느낌이었기 때문에,
인연에 따라 또 자기가 알아서 소멸합니다.

여기에다 내 스스로가 자꾸 '울적하다, 울적하다.'라고
자꾸 말을 하면서 붙잡게 되면
감정이 변해가는 상태에서도
자꾸 울적한 마음으로 되돌아가
그 느낌만 계속 증폭시키는 결과를 가져옵니다.

그러니 그 말, 그 생각 모두 내려놓고
그 느낌이 올라왔음을 알아채고
그냥 고요히 변하는 모습을 관찰하세요.

"내 마음도 내 뜻대로 하지 못하면서
무슨 수로 다른 사람을 변화시킬 수 있겠는가?"

회생 130.3×97.0 캔버스 유채 2009

우리 마음이 세상을 향할 때는
바쁜 세상사에 쉽게 휩쓸려버리지만,
그 마음이 내면을 향해 있으면
아무리 세상이 소란스럽더라도
중심을 잃지 않고 평안을 찾을 수 있습니다.

마음을 비우려면 어떻게 해야 하냐고, 묻는 이들이 많아요.
'마음을 비워야지…' 하고 마음먹고 마음을 비우려 하면
오히려 더 마음이 혼란스러워집니다.
왜냐하면 '비워야지…' 하는 것도 사실은
비워야 할 생각이기 때문입니다.
그렇다면 어떻게 생각을 쉬어 마음을 비울 수 있을까요?
정답은, 올라오는 그 생각들을 가만히 지켜보면 돼요.
지켜보는 순간, 생각은 쉬고 있습니다.

"내 마음도 내 뜻대로 하지 못하면서
무슨 수로 다른 사람을 변화시킬 수 있겠는가?"

사람들의 의식은 보통 외부로 향해 있습니다.

그래서 내가 아닌 다른 사람, 혹은

밖에서 일어난 일들에 대해 주로 이야기하지요.

반대로 수행자는 그 의식을 마음 안으로 돌려서

평생 남 이야기를 하던 버릇을 고쳐

내 마음의 모습을 보고, 그 마음을 알아채려 합니다.

한번 살펴보세요.

우리가 매일매일 쏟아내는 말들 중에

얼마만큼이 진짜 내 말이고

얼마만큼이 다른 사람이 한 말을 짜깁기해서

내 말로 둔갑한 말인가요?

나는 진짜로 나만의 말을, 얼마나 하나요?

진짜 내 말이라는 것이 있기는 한가요?

우리 안에는

외부에서 일어나는 일을 조용히 바라보는 자가 있습니다.

밖의 일은 수시로 변해도

'바라보는 자'의 의식은 그 일에 상관없이

그저 온전히 현재에 있습니다.

삶의 고통의 원인은,

내 안의 '바라보는 자'를 잊고

외부의 사건과 대상에 마음을 빼앗긴 채 따라가기 때문입니다.

덜 생각하며 살고 싶다면,

사실 아주 간단합니다.

마음을 현재에 두면 돼요.

생각이나 걱정은 모두 과거나 미래의 영역에 속해 있어요.

현재를 생각할 수 있나요?

지금 바로 이 순간 현재를 생각할 수 있나요?

해보세요. 어때요? 불가능하지요?

마음을 현재로 가져오면 생각은 쉬게 됩니다.

"내 마음도 내 뜻대로 하지 못하면서
무슨 수로 다른 사람을 변화시킬 수 있겠는가?"

마음속에 올라오는 감정을

생각으로 붙잡지 않으면

시간이 지나면서 저절로 그 감정들이 변하면서 소멸해요.

내가 말을 붙여서 생각으로 붙잡지만 않으면

마음속에 올라온 불편한 감정은

내가 노력하지 않아도

자기 스스로 알아서 나를 그로부터 해방시켜줘요.

괴로우면 그것을 붙잡고 있으면서

자꾸 '괴롭다, 괴롭다.' 남들에게 이야기하며 되새기지 마세요.

괴로움으로부터 해방되고 싶으면

그 괴로움을 직시하세요.

그 녀석의 정체를 보고 있으면 그 모양이 자꾸 변해요.

괴로움, 그 녀석도 그래서 허망한 것입니다.

·

전에 없었던 것이 지금 생겨났다 해도
시간이 지나면 그것들은 다시 전부 사라집니다.
말씀을 듣고 깊은 영혼의 울림이 오더라도,
부처님이나 다른 성인이 내 앞에 나타난다 하더라도,
이 모든 것은 사실 다 마음의 장난입니다.
수행자가 찾는 것은
원래부터 있었던 것을 찾는 것이지
없었는데 새로 생겨난 것을 찾는 것이 아닙니다.

·

마음이란 놈은 한 번에 두 가지 생각을 동시에 하지 못해요.
두 가지 생각을 동시에 할 수 있나 없나 자세히 보세요.
어때요, 가능한가요?

"내 마음도 내 뜻대로 하지 못하면서
무슨 수로 다른 사람을 변화시킬 수 있겠는가?"

마음은 또한, 무슨 생각을 하고 있으면 그 생각 도중에는
본인이 생각하고 있다는 사실을 인식하지 못해요.
생각을 했구나, 아는 것은 생각이 끊어진 후에 알게 돼요.
진짜로 그런가 보세요.
한창 생각하고 있을 때 생각을 하고 있다는 각성이 언제 오는지.
생각 중에 오나요, 아니면 생각이 멈춘 후에 오나요?
생각하면서도 본인은 생각하는 줄 모르는 것,
본인이 무언가를 하고 있지만 그것을 하는 줄 모르는 것,
참 희한하지 않나요?
그러니 눈을 뜨고 있다 해서 내가 깨어 있는 것은 아니에요.

'깨어 있다는 것'은 내 마음의 의식공간 안에
어떤 일이 벌어지고 있는지를 바로 인식한다는 말입니다.
생각이나 느낌이 올라왔을 때
그것들을 따라가는 것이 아니고
생각이나 느낌이 올라왔다는 것을 바로 아는 것입니다.

식당에서 밥을 먹는 중에는 모릅니다.
다 먹고 일어나야
얼마나 과식했는지 비로소 알게 돼요.
수행은 순간순간 깨어 있는 것에서부터
시작합니다.
먹는 순간 바로 아는 사람은 수행을 많이 한 사람입니다.

내 의식은 무의식이 진정으로 무엇을 원하는지 잘 모릅니다.
의식으로는 이것을 원한다고 하지만
그것을 막상 하거나 얻게 되면 그때야 비로소
내가 궁극적으로 원하는 건 이게 아니었음을 알게 됩니다.
내 무의식의 소리를 듣고 싶을 땐 기도를 하세요.
깊은 기도는 내 무의식의 소리를 들을 수 있도록 해주는
특별한 통로입니다.

"내 마음도 내 뜻대로 하지 못하면서
무슨 수로 다른 사람을 변화시킬 수 있겠는가?"

▪

우리의 의식은 돈과 권력, 명예를 원하지만

우리의 깊은 무의식은 나 자신을 초월하는 사랑,

합일, 공감, 소통, 유머, 아름다움, 신성함, 고요를 원합니다.

▪

고요하다고 아무것도 없는 것은 아닙니다.

고요함을 귀 기울여 들어보면,

세상 가득 찬 진동을 느낄 수 있습니다.

그 세상의 진동을 느끼면서 물어보세요.

지금 무엇이 듣고 있는지. 듣는 주인공이 어떻게 생겼는지.

그러면 불현듯 깨닫게 됩니다.

듣는 자는 원래 없었고, 듣는 행위만 있다는 사실을.

▪

물을 보면 물이 되고

꽃을 보면 꽃과 하나 되어

물 따라 흐르는 꽃을 본다.

― 서옹 스님

◗

건강하면 건강할수록 몸이 마치 없는 것처럼 느껴져요.

그렇다고 몸이 없는 것은 아니지요.

자연스러우면 자연스러울수록

전혀 노력하지 않은 것처럼 보여요.

그렇지만 노력이 없었던 것은 아닙니다.

없는 듯이 본래 있는 것, 그것이 바로 우리 본성이고 진리입니다.

◗

옛날에 마음 하나가 있었어요.

그 녀석이 혼자 있는 게 심심해서

둘로 나뉘어보자고 했어요.

그런데 서로가 원래 하나라는 것을 알고 있으니까

둘이 노는 게 재미가 없었던 거예요.

마치 장기 둘 때 한 사람이 양편을 다 하면 재미없잖아요.

그래서 마음은, 원래 하나였다는 것을 잊어버리고 살자고 했어요.

그렇게 한참을 살다 보니까 원래 하나라는 것을

완전히 잊어버렸어요.

이게 바로 지금 우리의 상태예요.

"내 마음도 내 뜻대로 하지 못하면서
무슨 수로 다른 사람을 변화시킬 수 있겠는가?"

너와 내가 원래 하나였다는 사실을 온전히 체득하면
삶이 연극이라는 것을 알아요.
그렇기에 깨달은 자의 최고의 표현은 유머입니다.
평화롭고 거룩하고 아주 선해 보이는 상태는
한 수 아래입니다.

삶은 어차피 연극인데
좀 멋들어지게 연극합시다.
마음의 도화지에 원하는 삶을 자꾸 그리다 보면
어느새 그 그림이 살아서 뛰어나옵니다.
이왕이면 다른 사람과 내가 함께 행복해지는,
그런 최고로 좋은 그림을 자꾸 그리세요.

내 마음과
친해지세요

사람들과의 소통을 위해 트위터를 시작한 후, 많은 젊은 친구들이 내게 질문을 보낸다. 잘 풀리지 않는 연애 문제, 사람들과의 관계에서 생긴 문제, 가족의 불화, 이루지 못한 꿈에 대한 미련, 취업 문제 등. 그리고 그중에서도 가장 자주 하는 질문은, 화가 나거나 짜증, 서운함, 미움 등의 불편한 감정들이 밀려올 때 어떻게 하면 마음이 동요하지 않고 평정을 유지하며 다스릴 수 있느냐는 것이다.

사실 이 질문을 받을 때마다 느끼는 것은, 그분들이 이렇게 질문한다는 것 자체가 알고 보면 절반의 성공을 이룬 셈이라는 것이다. 왜냐하면, 스스로 그런 감정들이 올라왔을 때 그 감정의 소용돌이에 빠져 힘들어하는 자신의 마음 상태를 알아챘기 때문이다. 그래서 그 불편한 감정으로부터 어떻게 하면 벗어날 수 있느냐고, 트위터를 열심히 하는 어느

"내 마음도 내 뜻대로 하지 못하면서
무슨 수로 다른 사람을 변화시킬 수 있겠는가?"

스님에게 묻는 것이다.

그런데 문제는, 많은 사람들이 그런 감정이 올라왔을 때, 그 마음을 내가 다스려야 하는 대상으로만 생각한다는 것에 있다. 그 마음을 이해가 필요한 대상으로 생각하지 않는다는 것이다. 다시 말하면, 어떤 불편한 감정이 내 마음속에 생겼을 때, 그 감정에서 어떤 식으로든 빨리 벗어나고 싶다는 생각만 하지, 그 부정적인 마음의 상태를 이해하거나 그 마음과 친해지려고 하지는 않는다. 그래서 아마도 사람들은 '마인드 컨트롤' 혹은 '마음 다스리기'와 같은 표현을 자주 사용하면서도 '마음 알아가기' 혹은 '마음과 친해지기'와 같은 표현은 잘 하지 않는 것 같다.

그런데 밀려오는 화, 짜증, 불안, 미움의 감정을 바꾸려고 노력해본 사람이라면 알겠지만, 이건 결코 쉬운 일이 아니다. 마치 분노, 미움 같은 부정적인 마음 상태가 '진흙'이라고 한다면, 마음이라는 물속에 진흙이 잔뜩 풀어져 온통 진흙탕이 됐는데, 어떻게 하면 그 진흙을 빨리 가라앉힐 수 있느냐고 묻는 것과 마찬가지이기 때문이다.

빨리 진흙을 가라앉히려고, 즉 부정적인 마음을 가라앉혀 평정을 유지하려고, 마음의 물속으로 손을 집어넣어 진흙들을 아래로 아래로 눌러 가라앉혀보자. 결과는 어떤가? 오히려 손의 움직임 때문에 물속의 진흙은 더 어지럽게 흩어지지 않는가? 예를 들어, 누구를 심하게 질투하여 미워하는 마음이 올라왔을 때, 그 마음을 없애고 싶어 다른 좋은 생각을 하려고 애쓰면 애쓸수록 그 미워하는 마음이 다시 비집고 올라오지 않는가? 이러니, 내가 부정적인 마음 상태를 바꿔보겠다고 마음속으로 들어가 뭔가를 하려고 하면, 근본적인 문제는 해결되지 않고 그 부정적인 마음 상태만 한 번 더 헤집어놓는 결과만을 가져올 수 있다.

그렇다면 우리는 어떻게 하면 좋을까? 어떻게 내 스스로가 진흙탕과도 같은 부정적인 마음을 이해하고 또 그 상태에서 탈출할 수 있을까? 사실 답은 간단하다.

그 올라온 마음을 마치 영화나 드라마를 보듯 제삼자의 입장에서 한 발짝 떨어져서 조용히 관조하면 된다. 우리가 보통 잘 모르는 대상을 이해하려고 할 때, 기존에 알았던 생각들을 내려놓고 조용히 그 대상을 관찰하면 되지 않던가? 즉, 진흙탕과도 같은 마음 그릇 안으로 내가 들어가서 어떻게 해보려는 게 아니고, 마음 그릇에서 나와 침묵으로 그 감정들을 영화나 드라마 보듯 가만히 지켜보는 것이다.

이때 중요한 것은, 관조하는 자가 화, 짜증, 불안, 질투와 같은 말에 집착하지 않고 그 말이 지칭하고 있는 화의 에너지, 짜증의 에너지, 불안의 에너지를 조용히 지켜보는 것이다. 마치 거울이 어떤 것은 비추고 어떤 것은 비추지 않는 식의 선택을 하지 않는 것처럼, 나 역시 그저 물끄러미 올라온 감정의 에너지를 선택하지 않고 조용히 바라보는 것이다. 거울이 자기가 비추는 대상에 대해 이렇다 저렇다 평가하지 않는 것처럼, 나 역시 분별하거나 말을 붙이지 않고 있는 그대로의 감정을 그저 바라보는 것이다.

"내 마음도 내 뜻대로 하지 못하면서
무슨 수로 다른 사람을 변화시킬 수 있겠는가?"

그렇게 관조자의 입장에서 내 마음을 바라보면, 나의 의식이 약간 뒤로 물러나는 듯한 느낌, 머리 뒤에서 내 마음을 바라보는 듯한 느낌을 받을 수 있다. 그리고 그렇게 바라보고 있으면 정말로 얼마 지나지 않아 불편한 마음 상태가 자기 스스로 천천히 다른 형태로 변하면서 사라져 가는 모습을 볼 수 있다.

다시 말해, 내가 그 감정들을 마음 그릇 안에 들어가서 직접 변화시켜보려고 애쓰지 않아도 그 그릇 밖에서 조용히 관조하고 있으면 얼마 지나지 않아 저절로 감정 에너지의 형태가 변하는 것을 볼 수 있다. 내가 불편한 감정을 마음 그릇 안에 들어가 직접 다스리려 하면 오히려 그 감정들을 더 헤집는 결과만 낳는 것과는 대조되는 것이다.

혹자는 이렇게 물을 수 있다. "그렇게 자꾸 지켜보면 뭐가 좋나요?" "현실 회피 아닌가요?"

아니다. 오히려 이 과정은 현실 회피가 아닌 현실 직시이다. 있는 그대로를 바라보는, 현실 직시. 현재 벌어지고 있는 내 마음의 상황을 직시하는 연습을 하다 보면, 어느 순간 깨닫게 된다. 마음 안에서 일어나는 감정들은 고정된 실체가 없다는 것을, 마음이라는 허공과 같은 공간에 나의 의도와는 상관없이 잠시 일어났다 나의 의도와는 또 상관없이 사라지는 구름과 같다는 것을. 이 깨달음이 있고 나면 화, 짜증, 불안, 미움의 감정이 일어나도 크게 끄달리지 않게 된다. 그것들을 내 것이라고 붙잡지 않게 된다. 왜냐하면 내 마음 공간에 잠시 머물렀다 떠나는 구름과도 같은 손님이기에.

마음을 다스리려 하지 말라. 그저 그 마음과 친해져서 그 마음을 조용히 지켜봐라.

"내 마음도 내 뜻대로 하지 못하면서
무슨 수로 다른 사람을 변화시킬 수 있겠는가?"

새벽 194.0×97.0 캔버스 유채 2008

마음을 다쳤을 때 보복심을 일으키면
내 고통만 보입니다.
그 대신 스스로를 진정시키고
내면의 자비빛을 일깨워 상대를 이해하려 노력하면
나에게 고통을 준 상대도 결국은 고통받고 있다는 사실을
볼 수 있게 됩니다.

화가 난다, 그런데 그 화를 다스리지 못한다,
즉 화가 내 말을 듣지 않는다….
그렇다면 어떻게 그 화가 내 것이라 할 수 있나요?
내 것이라고 하면 내 마음대로 조정할 수 있어야 하지 않나요?
화라는 손님이 들어왔다 나가는 것을 가만히 지켜보십시오.

올라온 감정은

놓아버리고 싶다고 해서 놓아지는 것이 아닙니다.

내 마음 안에 올라오는 느낌과 생각들은

사실 내 것이 아닙니다.

여러 가지 조건과 원인에 의해 잠시 일어난

주인 없는 구름과 같습니다.

생각이나 느낌을 '잠시 들른 손님이다.' 하고 떨어져

조용히 관찰해보십시오.

우리 마음 안에는 히틀러와 테레사 수녀님이 같이 있습니다.

내 존재 자체에 대한 공포와 미움이 기반을 이루면

히틀러가 되는 것이고

타인을 향한 자비와 이해심이 강해지면

테레사 수녀님처럼 되는 것입니다.

"내 마음도 내 뜻대로 하지 못하면서
무슨 수로 다른 사람을 변화시킬 수 있겠는가?"

누군가 나에게 '안 돼.'라고 했을 때,

짜증내거나 싸우지 말고 바로 '예.' 하십시오.

새로운 상황은

나를 또 다른 세계로 유도하고, 또 다른 삶의 문을 열어줍니다.

누군가 나에게 '안 돼.'라고 했을 때,

저항하면 할수록, 상황은 변하지 않고 나 자신만 더 힘들어집니다.

사람의 감정이건, 일이건, 현상이건 간에

전에 없었던 것이 지금 일어난 것이라면,

시간이 지나면 그것들은 또 변화해서 사라질 것입니다.

변하지 않는 영원한 진리를 구하는 자는,

그렇게 일어났다 사라지는 것들에 집착하고 연연해서는 안 됩니다.

영화나 드라마를 보다 중간에 그만 보는 경우가 있어요.

착한 주인공은 계속 착하고 나쁜 놈은 계속 나쁘게 나올 때 그래요.

사람은 쭉 좋은 사람도, 쭉 나쁜 사람도 없어요.

사람과 상황과 인연에 따라, 또 보는 사람의 관점에 따라

좋기도 하고 나쁘기도 한 법입니다.

비방만 받는 사람이나 칭찬만 받는 사람은 없었으며
앞으로도 없을 것이다.
칭찬도 비난도 모두 속절없나니
모두가 제 이름과 제 이익의 관점에서 하는 말일 뿐.

── 법구경 품노품

누군가 비난하는 소리를 듣다 보면,

비난받는 사람이 비난받을 짓을 했다고 들을 수 있습니다.

하지만 더 깊이 들여다보면,

비난하는 사람이 사실 자신의 말을 듣지 않았다고

비난하는 것입니다.

그러니 속지 마세요!

"내 마음도 내 뜻대로 하지 못하면서
무슨 수로 다른 사람을 변화시킬 수 있겠는가?"

다른 사람을 치는 것은

자기 스스로가 당당하지 않고 불안해서 그래요.

내가 싫어하는 사람에 대해

어떤 친구가 험담을 하기 시작합니다.

얼씨구! 하며 내가 맞장구를 칩니다.

그러고 나서 그 친구와 헤어지면서 생각해요.

나 없으면 저 친구는 나에 대해서도 조금 전처럼 험담하겠지?

순간 통쾌해도, 험담은 결국 제 살 깎아먹기입니다.

당신이 저를 순수하고 선하다고 느끼는 까닭은

바로 당신이 순수하고 선하기 때문입니다.

•

친구, 가족, 동료, 내 주위 사람들의 마음을

편하게 만드는 것이 수행입니다.

잘 알지도 못하는 멀리 있는 사람들이

아무리 당신을 존경하면 뭐하나요?

바로 내 주변 사람들이

나 때문에 힘들어하고 있다면 말이에요.

잘 모르는 사람들이 하는 존경은

내가 아닌 허상을 상상하고 하는 거짓입니다. 거짓.

•

나 자신을 낮추는 것은 사람들에게 지는 것이 아니냐고

묻는 사람들이 있습니다.

그런데 내가 조금 지더라도 내가 더 큰 것을 성취한다면

그건 곧 이기는 것입니다.

잠시 굽히면 마음의 평화, 가족 안에서의 행복, 다 같이 잘되는

큰 결과를 얻습니다.

"내 마음도 내 뜻대로 하지 못하면서
무슨 수로 다른 사람을 변화시킬 수 있겠는가?"

남을 쉽게 판단하는 도덕적 결벽주의자는
본인이 가지고 있는 흠을 제대로 관조하지 못한 미성숙자입니다.

아랫사람이라는 이유로 업무와 상관없는 심부름 부탁을 받았습니다.
살짝 짜증이 올라오려 할 때, 자꾸 생각하면서 짜증내지 말고
상사가 부탁한 그 심부름 그냥 해주세요.
짜증내면 별일도 아닌 것이 몇 배로 힘들어지고 큰 스트레스가 돼요.
그냥 해주면, 바로 잊을 수 있잖아요?

내 주변 사람들을 내 마음에 맞게 바꾸려 하지 말고
오히려 바꾸려는 내 욕심을 내려놓는 것이 훨씬 더 빠릅니다.
내 마음도 내 마음대로 하지 못하면서
무슨 수로 다른 사람을 내 방식대로 바꾸겠습니까?

어렸을 땐 좋았는데 지금은 별로인 것들.

에어컨 바람, 뷔페 음식, 공포영화, 비행기 타기, 대도시, 밤새 놀기….

어렸을 땐 싫었는데 지금은 좋은 것들.

잡곡밥, 걷기, 명상, 혼자 있기, 모차르트, 운동, 차….

나도 모르게 변합니다. 그리고 지금도 변하고 있어요.

과거에 집착하며 세상과 사람들이 변했다고 한탄하지 마세요.

과거의 틀에 맞추어 현재를 재단하려 하니 슬픈 것입니다.

지금 변화를 수용하세요.

원하든 원하지 않든, 세상과 우리의 삶은 계속 변합니다.

"내 마음도 내 뜻대로 하지 못하면서
무슨 수로 다른 사람을 변화시킬 수 있겠는가?"

무소유는

아무것도 소유하지 않는다는 의미가 아닌

가지고 있는 것에 대해 집착하지 않는다는 의미입니다.

아니다 싶을 때 다 버리고 떠날 수 있어야 진짜 자유인입니다.

반대로, 없어서 갈증을 느끼는데도 무소유라는 이름으로

참고 사는 것은 진짜가 아닙니다.

스님들 사이에서 정말로 존경받는 큰스님은

법문을 잘하시거나

모습이 멋있으시거나

명문대학을 나오셨거나

큰 사찰의 주지를 하시거나

미래를 잘 알아맞히시거나

병을 낫게 하시는 스님들이 아니고

행(行)으로 젊은 스님들께 가르침을 주시는 분들입니다.

큰스님이라고 뒷짐 지고 물러서 계시는 게 아니라

자신이 솔선수범하시는 모습에서

스님들은 큰 감동을 받고 하심(下心)합니다.

수행자가 마음을 돌이켜 깨달으려 한다면
지나가는 어린아이에게서도 배움을 얻고
자신이 모욕당하는 상황에서도 큰 깨달음을 얻습니다.
실은 세상 전체가 우리의 스승입니다.

내 마음을 들여다보게 만드는 사람은
나를 칭찬하고 잘해주는 사람이 아니에요.
나의 마음공부는
나에게 모욕을 주고 화를 내고
나를 실망시키고 어렵게 만드는
그런 사람들로 인해 시작하게 돼요.
그들이야말로 보살의 화신입니다.

누가 진짜 수행자인지 아닌지를 판단하는 법이 있습니다.
실컷 칭찬을 해주고 또 실컷 비판을 해주세요.
마음의 요동이 있으면 그 마음 근본의 자리를 잊고 있는 것입니다.

"내 마음도 내 뜻대로 하지 못하면서
무슨 수로 다른 사람을 변화시킬 수 있겠는가?"

나를 욕했을 때 울컥하고 올라오는 그 마음이나,
나를 칭찬했을 때 헤헤거리는 그 마음은
사실 둘이 아닙니다.

수행자는 많은 사람과 함께 살 때
혼자 사는 것처럼 살아야 하고
혼자 살 때 많은 사람과 함께 사는 것처럼
살아야 합니다.

우리가 다른 사람과 깊고 솔직한 대화를 나누며
서로 공감하고 하나가 되면 참 행복합니다.
그런데 그 대상을 밖에서만 찾지 말고
내 마음을 깊게 알고, 내 마음을 이해하는 상태가 되어보십시오.
그 또한 비교할 수 없는 자유와 행복을 선사합니다.

도인이 달리 도인이 아닙니다.

알지만 말하지 않고 참을 수 있는 힘,

변화시킬 수 있지만 그 사람이 스스로 배울 수 있도록

가만히 놔둘 수 있는 힘이 있어야 도인입니다.

남들에게 보여주는 도(道)는 아직 설익은 도일 뿐입니다.

"내 마음도 내 뜻대로 하지 못하면서
무슨 수로 다른 사람을 변화시킬 수 있겠는가?"

7강 • 열정의 장

"나이 드는 것은 두렵지 않으나
삶의 열정이 식는 것은 두렵다."

빛의 예감 91.0×91.0 캔버스 유채 2009

내가 옳은 것이 중요한 것이 아니고
같이 행복한 것이
더 중요합니다

사람들은 누구나
자신들이 절대로 양보할 수 없는
믿음이나 가치관, 생각들이 있습니다.
내 관점에서 볼 때 이것들은 정말로 옳은데
안타깝게도 함께 옳다는 느낌을 공유하지 못하거나
나와는 정반대로 생각하는 사람들을
만날 때가 있습니다.

친한 친구나 연인, 가족 안에서도
삶의 가치관이 달라서
정치적 성향이 달라서

"나이 드는 것은 두렵지 않으나
삶의 열정이 식는 것은 두렵다."

종교가 달라서
그쪽 이야기를 하기는 좀 불편한, 그런 관계 말입니다.

그러다 화제가 그쪽으로 흘렀을 때,
우린 의도하지 않았지만
말을 하다 보면 나도 모르게 내가 얼마나 옳은지
격한 감정까지 드러내며 말을 하게 됩니다.

그런데
그런 대화 후에 남는 것은
결국 상처뿐이지 않나요?
내 생각의 순수성과 고결함 때문에
사람들이 상처를 받고 있는 것은 아닌지,
또 내가 상처받고 있는 것은 아닌지 생각해봐야 합니다.

우리 이제
내 믿음이나 사상의 순수함이나 고결함보다는
내 앞에 앉아 있는 사람을 더 바라봅시다.
사상이나 믿음보다 더 중요한,
소중한 사람이 앞에 있다는 것을 잊지 마십시오.

내가 옳다고 생각하는 것을 다른 사람에게 설득하려는 것은
결국 내 자아, 에고의 활동입니다.
그런 활동은 내가 옳은 것을 아무리 증명해도
결과적으로 아무도 행복해지지 않습니다.

성숙한 사람이 되기 위해서는
내 앞에 있는 분 역시 나와 마찬가지로
행복을 추구하는 똑같은 사람이라는 생각으로,
가끔은 내가 옳다고 생각하는 것도 내려놓을 줄 아는 것이
필요합니다.

잊지 마십시오.
내가 옳은 것이 중요한 것이 아니고
우리가 같이 행복한 것이 훨씬 더 중요합니다.

"나이 드는 것은 두렵지 않으나
삶의 열정이 식는 것은 두렵다."

새벽 194.0×97.0 캔버스 유채 2010

𐫱

머리가 똑똑해 옳은 소리 하면서 비판을 자주하는 사람보다

가슴이 따뜻해 무언가를 나누어주려고 궁리하는 사람,

친구의 허물도 품어줄 줄 아는 사람,

타인의 고통을 민감하게 느끼는 사람이 되세요.

𐫱

상대방을 설득하기 위해 만난다 하더라도

내가 상대의 입장에 충분히 공감한다는 느낌을 주지 못한다면

상대는 설득당하지 않습니다.

내 말만 하지 말고 충분히 상대방의 입장을 존중하고 들어야 합니다.

𐫱

우리 삶의 많은 대립과 시비는

역지사지(易地思之) 마음을 연습하면 풀릴 수 있어요.

상대방의 입장에서도 생각하는 습관을 가져보세요.

내 생각만 하는 것은 철부지 어린아이와 다를 바 없습니다.

▸

옳고 그른 것을 시비하다가

먼저 화를 내면

그 사람이 진 것입니다.

▸

비판은 쉽습니다.

그러나 비판하는 자가 실제로 주인이 되어 운영을 해보면

뭐든 결코 만만치 않다는 것을 종종 실감합니다.

따라서 대안 없는 비판은

비판하는 자의 에고만을 증대시키기 위한 행위로밖에

보이지 않습니다.

▸

열 받는 말을 들었을 때

바로 문자나 이메일 답장을 하지 말아요.

지혜로운 사람은 일단 잠을 자고

그 다음날 아침에 답신을 보내요.

말을 듣자마자 바로 하는 반응은

두고두고 후회하게 되는 경우가 많기 때문입니다.

"나이 드는 것은 두렵지 않으나
삶의 열정이 식는 것은 두렵다."

＇
사람들은 대개 말을 듣는 것보다
자신이 말하는 것을 더 좋아해요.
상대가 나와 좋은 시간을 보냈다고 느끼게 하는 방법은
좋은 질문을 많이 해서 상대가 말을 많이 할 수 있도록
유도한 후, 그 사람 말에 즐겁게 맞장구를 쳐주면 됩니다.
사실 생각보다 어렵지 않아요.

＇
큰 어른의 주변에는 예스맨들만 있어서
주로 그 어른이 자화자찬을 하도록 돕는 일을 합니다.
내 주변 사람들이 내가 자화자찬하는 것을 돕는다면,
이 사실을 알아야 합니다.
내 주변에 간신만 있고 충신은 없다는 사실을.

＇
질문에 대한 답이
복잡하고 길지만 논리적인 답과
간단해서 어린아이도 이해할 수 있는 짧은 답이 있다면
진실은 간단한 답이 정답입니다.

무엇을 물어봤을 때
대답이 없으면
침묵도 사실 대답입니다.

완벽한 사람은 없습니다.
오직 자신의 부족함을 잘 아는 사람과
잘 모르는 사람만이 있을 뿐입니다.

사람은 누구나 양면성이 있지요.
어떤 사람이 완벽하게 보인다면
그것은 분명, 내가 그 사람에 대해
잘 모르기 때문입니다.

"나이 드는 것은 두렵지 않으나
삶의 열정이 식는 것은 두렵다."

"완벽하게 만들려고 하지 말고
흥미롭게 만들려고 하세요!"
— 어느 인테리어 디자이너의 충고

나에게 솔직해져 보십시오.
도대체 무엇이 나를 행복하게 하는지.
세상이 일방적으로 정해놓은 성공의 기준이 아닌
내 안에서 무엇을 원하는지.
남들에게 행복하게 보이는 것이 중요한 것이 아니고
나 자신이 정말로 행복한 것이 중요합니다.

삶의 목표를 성공이 아닌 행복으로 정하십시오.
성공하고도 행복하지 않다면,
그것이 진정한 성공일까요?
행복은 다른 사람과의 관계 속에서 찾을 수 있습니다.
앞으로 돌진만 하지 마시고
친구, 가족, 동료를 같이 챙기면서 앞으로 나아가십시오.

그동안 나를 무시했던 사람들 때문에

보란 듯이 성공하겠다는 분들이 있어요.

하지만 문제는 성공 이후입니다.

성공했다고 자랑하고 나서 그다음엔 어떡할 건가요?

진짜 크게 성공하려면

누구 때문에 성공하려는 것이 아니고

내 일이 일처럼 느껴지지 않고

나도 모르게 재미와 열정이 붙어야 해요.

진정 의미 있는 칭찬은

같은 분야의 종사자로부터 듣는 칭찬이에요.

속속들이 사정을 잘 아는, 같은 분야의 사람이

칭찬하고 추천하는 것은

비종사자 열 명이 하는 칭찬과도 맞먹습니다.

"나이 드는 것은 두렵지 않으나
삶의 열정이 식는 것은 두렵다."

전문가들은 나름대로의 능력과 경험이 있어요.

그런데 의뢰인이 너무 꼬치꼬치 모든 것을 조정하고 감독하려 하면

그들의 노하우나 창의력을 발산하지 못해요.

좋은 결과를 얻기 위해서는

관심을 갖고 지켜본다는 느낌은 주되

한 발짝 물러설 줄도 알아야 합니다.

다년간 경험이 있는 의사나 변호사, 회계사가

개업한 지 3, 4년 된 열정에 찬 젊은 분들에 비해

꼭 더 좋은 서비스를 제공하는 것만은 아닌 것 같아요.

중요한 것은 그 사람의 화려한 경력이 아니라

'내 케이스를 얼마만큼 신경 써줄 수 있는가?'인 것 같아요.

쿵푸 18계를 마스터하면 손가락 하나만 까딱해도
사람을 해칠 수 있습니다.
그러나 그것보다 더 높은 36계를 마스터하면
나보다 낮은 수준의 사람이 와서 싸우려고 하면,
그 사람을 위해 도망칩니다.

지금 잘나가고 있습니까?
지금 하시는 일이 잘되고 있습니까?
그렇다면, 지금 남을 제치고 잘나가고 있는지,
아니면, 남과 함께 잘나가고 있는지를 살피십시오.
남을 제치고 나만 잘나가면,
상황이 변했을 때 평소에 당신을 시기하던 사람들에 의해
다칠 수 있습니다.

"나이 드는 것은 두렵지 않으나
삶의 열정이 식는 것은 두렵다."

냉정과
열정 사이

마음은 아직도 학생 같은데, 어느 순간 돌아보니 어느덧 내 이름 뒤에는 '박사'라는 두 글자가 따라붙었고, 미국 북동부에 있는 아름답고 아담한 마을에 위치한 대학교의 교수가 되어 있었다.

강의를 '듣기 위해서'가 아닌 '들려주기 위해서' 처음 학교에 가던 날, 나는 마치 맞선 보러 나가는 젊은이처럼 설렘으로 가득했다. 학생들에 대한 기대와 함께할 시간에 대한 계획으로 가슴과 머리가 힘차게 뛰던 기억이 아직도 생생하다. 지금까지 나에게 가르침을 주신 많은 선생님들의 장점들만을 그대로 본받아서, 나도 학생들에게 좋은 가르침을 주고 싶다는 생각. 그야말로 열정으로 가득한 시기였다.

내가 한 학기 동안 가르칠 두 과목 중 하나는, 내가 학생들 나이 때 가장 관심이 있었던 분야인 '불교 명상 개론'이었다. 나는 그 수업을 단순히 철학적 이론 접근 방식에만 그치지 않고, 실제로 명상할 수 있는 실참의 기회를 더불어 주고 싶었다. 훗날 그 학생들이 대학을 졸업하고 사회에 나가 어려운 상황에 맞부딪쳤을 때도 명상을 통해 마음의 평화를 찾길 바랐다. 마음 안에서 올라오는 수많은 생각들에 끄달리며 힘들어하지 않고, 자기 마음을 지켜볼 수 있게 된다면, 그것이야말로 내가 학생들에게 줄 수 있는 가장 큰 선물이 아닌가라는 생각이 들었다.

지금도 또렷이 생각나는 첫 수업 시간. 나는 그 수업에 들어가기 전에, 첫 수업에 무슨 말을 어떻게 할지 고민하고 또 고민했다. 결국, 불교에서 말하는 인연의 소중함에 대해 차근차근, 약간은 떨리는 마음으로 이야기를 했다. 우리들의 만남이 어쩌면 우연이 아닐 수도 있다는 점, 어쩌면 몇 생을 두고 오늘 이 자리에서 다시 만나기를 소원해서 이렇게 만나게 된 것일 수도 있다는 점을 이야기하고, 그러니 이런 인연을 소중히 여겨 좋은 한 학기를 같이 만들어가자고 말했다. 대학교 1학년 학생들을 위주로 한 개론 강의이다 보니 그들 또한 진지했고, 다가오는 대학 생활에 대한 기대 또한 무척 커 보였다. 학교 규정상 한 반의 크기가 25명을 넘지 않았으므로 나는 학생들의 이름을 어렵지 않게 다 외울 수 있었고, 짧지만 한 명씩 개인 면담을 해서 이 강의를 듣는 이유와 무엇을 배우고 싶은지 등을 체크했다.

하지만 시간이 지날수록 점점 내가 잘하고 있는 건지 의문이 들기 시

"나이 드는 것은 두렵지 않으나
삶의 열정이 식는 것은 두렵다."

작했다. 지금 와서 생각해보면, 내가 잘 가르치겠다는 열정에 넘쳐서 꼭 하지 않아도 되는 일들을 필요 이상으로 했던 것 같다.

예를 들어, 하나라도 더 가르쳐주고 싶은 마음에서 나는 학생들에게 다른 교수들에 비해 많은 과제를 내주었고, 그 리포트를 받을 때마다 일일이 꼼꼼하게 체크해주었다. 그리고 처음부터 계획한 대로 명상 실참을 필수 사항으로 하여, 학생들은 수업 이외의 시간에 기숙사에서 매일 위빠사나, 간화선, 티베트 관법 등의 명상을 해야 했다. 또, 다른 교수님들은 학기 말에 한 번 할까 말까 하는 '학생들과의 저녁식사 모임'을 나는 학기 중에 세 번씩이나 가졌으며, 학생들과 함께 학교 근처 불교 사원으로 피크닉도 갔다. 한번은 미국의 저명한 위빠사나 불교 명상 지도자인 조셉 골드스틴이 학교 근처 교회에서 법문을 한다고 하여 학생들을 그 법회에 다 같이 참석하도록 권했다.

하지만 나는 시간이 지날수록 내 열정이 어떤 문제를 일으키고 있다는 사실을 깨닫기 시작했다. 내가 최선을 다해 학생들을 가르치는 만큼 학생들도 내가 지도하는 대로 열심히 따라오기만을, 무의식적으로 기대했던 것이다. 물론 대다수의 학생들은 내가 그들에게 다양한 경험을 주기 위해 노력하는 모습에 고마움을 표했다. 하지만 곧 그들도 하나둘씩 지쳐가는 모습이 역력하게 보였다. 과제를 하지 않는 학생, 읽고 오라고 했던 책의 내용을 읽지 않고 수업에 참석하는 학생들이 생기기 시작했다. 어떤 학생들은 불교 사원이나 조셉 골드스틴의 법문을 들으러 가는 것은 수업의 일부가 아니기 때문에 참석하지 않겠다고 대담하게 선언했다. 나는 그런 이야기를 학생들에게 들었을 때 나도 모르게 서운한 마음이 들었다. 나는 그들을 위해서 이렇게 마음을 다해 노력하는데, 그들의 반응은 호응이 아닌 거부로 다가오니 섭섭한 마음이 생기지 않을 수가 없었다.

나는 그 섭섭한 마음을 찬찬히 들여다보았다. 그 상황을 객관적으로 바라보기 시작하니, 그동안 나의 행동이 얼마나 어리석었는지를 곧 깨달을 수 있었다. 학생들이 수강한 불교 명상 개론, 이 수업은 그들이 듣고 있던 네 가지 과목 중 하나였다. 나에게 내가 가르치는 과목이 소중하듯, 그들에겐 그들이 배우고 있는 다른 세 가지 과목도 소중했을 것이다. 내 수업에만 많은 시간을 투자할 수 없는 것이 현실적으로 당연한 일이었는데도, 나는 그 상황을 제대로 보지 못하고 '내가 열심히 하는 맛'에만 빠져 있었던 것이다.

그리고 나는 이기적이게도, 나의 이런 열정을 왜 너희들은 받아주지 않느냐는 마음을 품고 있었던 것이다. 이 섭섭한 마음은 곧, '학생들이 얼마나 잘 배울 수 있을까'라는 생각보다는 '내가 얼마나 열정을 쏟아붓고 있나'라는 생각에 치중했다는 걸 반증하고 있었다. 아무리 좋은 약도 과하게 먹도록 강요하면 독이 되는 법이다. 이 깨달음이 있은 후, 학기 중반부터는 적당한 열정과 적당한 냉정 사이를 오가는 수업으로 변화를 주었다. 그렇게 내가 '열정'이라는 이름으로 강요하며 먹이려 했던 약들을 객관적으로 판단하여 조정해갔다. 그랬더니 신기하게도 학생들이 그

"나이 드는 것은 두렵지 않으나
삶의 열정이 식는 것은 두렵다."

전보다 더 강한 '열정'을 지니고 수업을 따라오는 것이었다. 정말로 뜻밖이었다. 그 순간 내가 깨달은 것이 있다.

무슨 일이든 처음 일을 맡아 하게 되면, 우리는 자신도 모르게 그 일을 잘해보려는 생각으로 강한 열정을 품게 된다. 하지만 중요한 것은, '내가 그 일을 잘해야 하는 것'이 아니고, '그 일이 잘되어야 하는 것'이다. 함께 일하는 사람들과 조화를 이루지 못하고 '내가 열심히 하는 맛'에만 빠져들거나, 누군가에게 피해를 주면서 도덕적인 문제를 무시하며 '내가 열심히 하는 맛'에만 빠져든다면, 그 일은 목표한 대로 잘될 수가 없다.

내 열정이 이렇게 강한데 사람들이 알아주지 않아서, 내 열정이 이렇게 강한데 다른 사람들은 나만큼 열심히 하지 않는 것처럼 보여서, 내 열정이 이렇게 강한데 일이 잘 풀리지 않는 것처럼 느껴져서, 우리는 쉽게 상처받고 좌절한다. 하지만 반드시 내 열정의 본질을 확인해야 한다. 내 열정이 일을 그르치고 있지는 않은지를 말이다.

끓어오르는 내 열정을 다스릴 줄 알 때야 비로소 타인과 조화롭고 평화롭게 일을 할 수 있고, 아이러니하게도 그때야 비로소 내 열정을 내 주변에 있는 다른 사람들에게까지 전이시킬 수 있는 것이다.

별과 사람 116.7×91.0 캔버스 유채 2009

역사를 보면, 사회를 변화시키는 것은
나이 드신 분들이 아니고
열정을 가진 젊은이들입니다.
정의가 무너졌다고 판단됐을 때
어떻게든 불의에 맞서려는 그 마음,
내 것을 지키려는 것이 아닌
약자의 권익을 보호해주려는 마음,
나보다 힘든 사람을 보면
안타까워하는 그 마음,
세월이 가도 절대로
그 마음, 처음의 마음, 초심을 잃지 마세요.

지식인이란 남의 일에 참견하는 사람이다.
정의와 자유, 선과 진실, 인류 보편적 가치가 유린당하면
남의 일이라도 자신의 일로 간주하고
간섭하고 투쟁하는 사람이다.

— 장 폴 사르트르

◆

그 정치인이 앞으로 어떤 정치를 할 것인가는
그 사람이 하는 좋은 말보다는,
그 사람이 현재 소유하고 있는 것들과
그 사람이 지금껏 어떻게 살아왔는가를
자세히 들여다보면 더 정확하게 드러납니다.
사람은 자신이 하는 '말'대로 살지 않습니다.
그동안 살아온 방식대로 살지요.

◆

일이나 공부를 열심히 하긴 하되
'열심히 하는 기분'에 빠지지 마세요.
일과 공부를 열심히 해야지,
'열심히 하는 기분'에 도취되면 폼만 살고 실속은 없습니다.
그래서 큰스님은 늘, 공부할 때는
거문고 줄 고르듯 팽팽하지도 느슨하지도 않게 하라고 하셨습니다.

"나이 드는 것은 두렵지 않으나
삶의 열정이 식는 것은 두렵다."

세상 사람들 때문에

당신만의 색깔과 열정을 숨기고 아파하지 마세요.

당신 자신을 드러내는 것을 두려워하지 마세요.

당신 자신의 고유함이야말로 가장 진실되고 아름다운 것입니다.

당신의 색깔과 열정이 환한 빛으로 가득 차도록

제가 응원할게요.

이외수 선생님께 힘들게 살아가고 있는 젊은이들에게

해주고 싶은 말이 있으신지 여쭈니 이렇게 대답하셨습니다.

"존버 정신을 잃지 않으면 됩니다."

"아, 존버 정신… 그런데 선생님, 대체 존버 정신이 뭐예요?"

"스님, 존버 정신은 존나게 버티는 정신입니다."

지금 잔꾀 부리지 않고 성심을 다해 일하는 것,

가끔은 아무도 알아주지 않는다고 생각되지만,

시간이 가면 갈수록 당신의 성실성은 빛이 나게 마련이에요.

●

종은 자신을 더 아프게 때려야 멀리까지 그 소리가 퍼집니다.
지금의 힘든 노력이 없으면 세상을 감동시킬 수 없습니다.
세상은 내가 얼마나 열정을 가지고 공을 들였는지
생각보다 금방 알아봅니다.

●

큰 바위가 우리에게 가르침을 줍니다.
사람들의 스치는 칭찬이나 비난에도
쉽게 동요하지 말고 우직하게 그 자리를 지키라고요.

●

사람은 누구나 처음 만나는 사람들에게 친절해요.
문제는 그 친절함이 얼마나 오래가느냐 하는 것입니다.
누군가 처음에 잘해준다고, 마냥 좋아라 속지 마세요.

"나이 드는 것은 두렵지 않으나
삶의 열정이 식는 것은 두렵다."

•

같이 일하는 사람을 뽑을 때

그 사람의 능력이나 경험보다 더 중요한 것이 있습니다.

바로 그 일을 하고 싶어 하는 열정과

그 일을 하면서 즐거워하는 마음을 가진 사람입니다.

즐거워야 공부도 수행도 성공도 할 수 있습니다.

•

뭐든 첫 단추를 잘 끼워야지

"일단 이렇게 대강 해놓고 나중에 바꾸자."라고 하면

실제로 생각처럼 잘되지 않아요.

왜냐하면,

나중엔 지금처럼 의욕이 넘치지 않을 수도 있고

지금과 달리 혼자 해야 하는 상황이 될 수도 있고

그러므로 더 귀찮아질 수도 있고

처음 상태에 그냥 익숙해져 버릴 수도 있기 때문입니다.

마치, 이사한 다음 어느 정도 정리한 후에

집을 내 마음에 맞게 천천히 고치겠다고 마음먹지만

실제로 이런 경우 이사하고 몇 년이 지나도 고치지 못하고

한참을 그냥 살게 되는 것과 같습니다.

열정의 장

내가 공부 열심히 해서 내 점수를 올려야지, 하는 사람과
내가 공부 열심히 해서 가난 때문에 공부 못하는 내 여동생
공부 시켜줘야지, 하는 사람과는
눈빛부터 완전히 다릅니다.
남을 돕겠다는 큰 서원은
엄청난 에너지를 내 안에서 끌어냅니다.
보살의 서원도 이와 똑같습니다.
그래서 남을 돕겠다는 보리심이 있어야 깨닫습니다.

무언가를 판단할 때는
내가 내릴 결정이 얼마나 많은 사람들에게
이익을 줄 것인가에 기준을 맞추세요.
나 자신에게만 만족을 주고, 많은 사람들의 마음을 상하게 한다면,
그건, 아닙니다.

내가 원하는 걸 다른 사람에게 베푸는
그런 사람이 되세요.

"나이 드는 것은 두렵지 않으나
삶의 열정이 식는 것은 두렵다."

그대, 아직도 그 사람과 친해지기 위해 '노력'합니까?

그것은 아마도 그 사람과 친해지는 것을 계기로

무언가를 얻고자 하는 마음이 있기 때문은 아닌가요?

정말 친해지기 위해서는

얻고자 하는 마음부터 먼저 비우세요.

인간관계 속의 인위적인 노력은 말하지 않아도 금방 눈에 띄어요.

순수하게 사람 대 사람으로 다가가면 오히려 쉽게 더 친해집니다.

무슨 일을 처음 시작할 때 보면

많은 열정을 가지고 일에 뛰어들게 됩니다.

그런데 그 열정이 넘쳐서

사람들에게 필요 이상의 노력과 선심을 쓰는 경우를 봅니다.

그런 경우, 꼭 역효과가 납니다.

왜냐하면, 내 마음의 중심이

나의 도움을 필요로 하는 상대에게 가 있는 것이 아니고,

내 열정에 스스로 도취되어 상대를 보지 못하기 때문입니다.

◗

남에게는 잘 대하는데

식구들이나 나의 측근들에겐

'나의 일부'라고 생각해 그들을 소홀하게 대하고

서운하게 하는 사람들이 있어요.

그런데, 그건 정말 큰 실수입니다.

내 측근들의 마음이 돌아서면

그동안 쌓아놓은 것이 한꺼번에 무너질 수 있습니다.

◗

본인에게 아래 중 하나 이상 있으면

소신 있게 이 시대를 사는 것이

쉽지 않은 것 같습니다.

가난, 출세 야심, 부양가족.

아, 슬프다.

"나이 드는 것은 두렵지 않으나
삶의 열정이 식는 것은 두렵다."

8강 · 종교의 장

"수용하세요. 내 뜻대로 일이 되지 않더라도
화내지 말고 나를 내려놓고 수용하세요."

종교가 달라
힘들어하는
그대를 위해

지금 사귀는 분과 종교가 달라서 힘드신 분,
명절 때마다 종교가 달라 가족 안에서 어색하신 분,
혼례나 장례 같은 애경사 때 종교로 인해 가족끼리 다투시는 분,
의외로 주변에 보면 많이 계십니다.

피를 나눈 부모, 자식, 형제 사이에도
정말로 죽고 못 사는 애인이나 부부지간에서도
어쩌다 각각 다른 종교를 믿게 되어서
마음의 평화와 사랑을 가져다줘야 할 종교가
오히려 심한 스트레스를 일으키는 요인이 됩니다.

우리, 이럴 때 어떻게 해야 할까요?
도대체 뭐가 문제인 것일까요?

일단 이것부터 먼저 짚고 넘어가야 합니다.
우리를 힘들게 만드는 것은 종교 자체가 아니고
내 종교를 제대로 인정해주지 않는 그 마음이 서운한 것이라고요.
가족 다수의 종교가 소수의 종교를 대하는 무의식적인 차별과
개종을 암암리에 종용하는 그 폭력성이 싫은 것이라고요.

즉, 내가 어색하게 느끼고 불편한 것은 상대방의 종교 자체가 아닌
내 것을 제대로 인정해주지 않는 그 사람의 태도라는 것입니다.
'다름'을 대하는 그 사람의 마음 씀씀이라는 것입니다.
왜냐하면, 똑같은 종교를 믿어도 어떤 분은 관용하고 존중하는데
또 어떤 분은 편협하고 내 것만 옳다고 말하니까요.

이런 경우를 극복해나가는 좋은 방법은 사실
상대방의 종교를 내 종교 알아가듯
진실한 마음으로 공부해보는 것입니다.
성경책이나 부처님 경전,
신부님, 목사님, 스님들의 에세이나 교리를 담은 책들을
천천히 읽어가다 보면 분명 감동하는 부분이 있습니다.

"수용하세요. 내 뜻대로 일이 되지 않더라도
화내지 말고 나를 내려놓고 수용하세요."

"어라? 다른 줄 알았는데 내 종교랑 비슷한 가르침도 많고 좋네."
이렇게 무릎을 탁 치는 순간이 많을 것입니다.

그러고 나서 상대방 종교인들 가운데
법정 스님, 강원용 목사님, 이태석 신부님과 같은,
참으로 존경스러운 분들의 삶과 사상을 알아가다 보면
나와 내 주변 사람들의 편협한 종교 형태가 전부가 아니었구나를
깨닫게 됩니다.
그렇게, 진심으로 상대방 종교의 아름다움과 훌륭함을
가슴 깊이 느끼고 나면
다른 종교를 가진 사람들을 만나도 전혀 불편하지 않습니다.
오히려 내가 더 상대의 종교가 얼마나 훌륭한지 말하게 됩니다.

그리고 상대방이 종교에 대해 편협한 태도로 나오면
이번엔 당당히 말하십시오.
당신 종교의 큰 어른들은 그렇게 행동하시지 않으셨다고.
김수환 추기경님과 강원용 목사님이 얼마나 서로 존경하셨고
법정 스님과 이해인 수녀님이 글을 통해 서로 얼마나 교감하셨는지
달라이 라마 존자와 토마스 머튼 수사가 얼마나 절친이셨는지
알고 계시냐고.

종교의 본질을 보고 그것을 실천하는 사람들끼리는
서로 다 통합니다.
영성이 깊지 않은, 말만 배운 초보 신앙인들만
모양과 형식이 다인 줄 알고 세뇌되어
자기 식만 옳다고 싸우는 것입니다.

이제, 내 종교 남의 종교 따지는 일에
시간과 정신적 에너지를 낭비하지 않고
깊은 이해와 실천을 통해, 종교 때문에 괴로워하는 일 없이
모두 편안해지길 기원합니다.

"수용하세요. 내 뜻대로 일이 되지 않더라도
화내지 말고 나를 내려놓고 수용하세요."

초혼 116.7×80.3 캔버스 유채 2009

간절히 소망해요.

이웃 종교끼리 서로서로 존중하고 인정해주는

종교 간의 성숙한 문화가 빨리 정착되기를.

종교는 달라도 좋은 점은 배우려 하고

기쁜 일이 있으면 함께 축하해주는 것이 당연하게 여겨지는

그날이 오기를.

다른 종교와 어떻게 관계를 가져야 하는가.

우선 겸손한 태도를 갖고 많이 배워야 한다.

다른 종교인들의 신앙을 배운다고

자신의 신앙이 없어진다면,

그 정도의 신앙은 차라리 없는 게 낫다.

— 강원용 목사님

자신의 종교가 소중하면
다른 사람의 종교도 그들에게는 똑같이 중요하지 않을까요?
우리 엄마가 나한테 소중하듯
친구 엄마도 내 친구에게는
세상에서 가장 소중한 분이겠지요.

나의 종교적 확신이
이웃에 대한 공격과 배타의 도구가 되어서는 안 되겠지요.
성스러운 가르침이 이웃에 상처를 주는 도구로 쓰여서도
안 될 것 같아요.

예수님, 부처님, 공자님이 같이 살아 계시다면
서로 자신 말이 옳다고 싸울 것 같은가요,
아니면 서로를 지극히 존경하며 사랑할 것 같은가요?
성인을 따르는 광신도가 문제이지 성인들 사이에는
아무런 문제가 없습니다.

"수용하세요. 내 뜻대로 일이 되지 않더라도
화내지 말고 나를 내려놓고 수용하세요."

본질이 잊혀지면 형식이 중요해집니다.
예수님 말씀, 부처님 가르침, 그 본질이 잊혀지면
기도 내용보다 어디서 누구랑 어떻게 기도했는가가
더 중요해지고
깨달음 내용보다 얼마나 오랫동안 수행했는가가
더 중요해집니다.

오강남 교수님에 따르면
종교인들을 두 부류로 크게 나눌 수 있는데
먼저, 종교적 상징에 얽매여서 다른 종교적 상징들과 잘 부딪치는
표층적 종교인들과
상징 너머의 의미를 깊이 이해하는
심층적 종교인들이 있다고 합니다.
종교 간의 화합은 심층적 종교인들에 의해 이루어진다고 합니다.

'미신'이라는 말은

서구 식민지시대에서 나온 정치적인 용어입니다.

내 종교 이외에는 다 미신이라고 명명하는 폭력적 언어입니다.

지금 다른 종교를 미신이라고 부른다면

후세에 의해 아주 똑같은 논리로

자신의 종교가 또 미신으로 불릴 수 있다는 걸 생각하십시오.

만약 어떤 이가 자신의 종교 하나만을 알고 있다면

사실은 그 하나도 제대로 알지 못하는 것입니다.

― 독일 종교학자 막스 뮐러

다른 종교에 대한 무지가

종교적 탄압과 갈등을 유발합니다.

모든 성인들의 가르침은 참으로 훌륭합니다.

배워서 나쁠 것 없어요.

"수용하세요. 내 뜻대로 일이 되지 않더라도
화내지 말고 나를 내려놓고 수용하세요."

·

종교가 소외받는 이들의 자유와 인권을 보호하는

목소리를 내길 바랍니다.

제발 경전을 들이대놓고

차별하고 인권을 유린하는 도구로 사용되지 않길.

·

종교인을 존경할 수는 있지만 절대로 신격화하지는 마십시오.

맹신하는 마음은,

나는 믿을 테니 당신이 다 알아서 해달라는 마음입니다.

약을 지어줄 수는 있지만 약을 먹는 것은 결국 본인이 먹어야 합니다.

·

종교인은 달을 가리키는 손가락입니다.

손가락이 달이 되고자 한다면

정말로 큰 죄를, 큰 업을 짓는 것입니다.

지성과 감성과 영성이 골고루 발달해야

건강한 사람이 됩니다.

그 하나가 다른 것에 비해 뒤떨어지면

나머지 둘의 성장도 방해합니다.

지성만 있고 감성이 없으면 남의 고통을 모르고

영성만 있고 지성이 없으면 사이비 종교에 빠지기 쉬워요.

세 가지 중 부족한 것을 채우십시오.

어떤 경우에도 절대로, 절대로, 주눅 들지 마세요.

당신은 하느님의 하나밖에 없는 외동아들, 외동딸이며

아직 깨닫지 못했어도 이미 부처님입니다.

이 사실을 믿으면 그 누구도 당신을

주눅 들게 하지 못합니다.

"수용하세요. 내 뜻대로 일이 되지 않더라도
화내지 말고 나를 내려놓고 수용하세요."

믿음은 너무 과대평가되었고

실천은 너무 과소평가된 부분이 있어요.

믿음 위주로 가면 종교 간에 싸우기 쉬운데요,

실천 위주로 가다 보면 사실 자비와 사랑의 모습은 매한가지입니다.

종교 간의 평화를 원한다면 실천이 좀 더 강조되어야 할 것 같습니다.

곡식을 얻으려면 밭을 갈고 씨를 뿌려야 하고,

큰 부자가 되려면 보시를 행해야 하며,

장수하려면 대자비를 행해야 하고,

지혜를 얻으려면 배우고 물어야 하는 것이다.

이 네 가지 일을 행해야 그 종류에 따라 결과를 얻을 것이다.

— 법구 비유경

제가 좋아하는 성경구절.

무엇이든지 남에게 대접을 받고자 하는 대로 너희도 남을 대접하라.
이것이 율법이요, 선지자니라.
— 마태복음 7장 12절

주여 주여 하는 자마다 다 천국에 들어갈 것이 아니요,
다만 하늘에 계신 내 아버지의 뜻대로 행하는 자라야 들어가리라.
— 마태복음 7장 21절

내가 진실로 너희에게 이르노니 너희가 여기 내 형제 중에
지극히 작은 자 한 사람에게 한 것이 곧 내게 한 것이니라.
— 마태복음 25장 40절

"수용하세요. 내 뜻대로 일이 되지 않더라도
화내지 말고 나를 내려놓고 수용하세요."

만다라 620.0×240.0 캔버스 유채 2003

진리는
통한다

남을 심판하지 마라.

그래야 너희도 심판받지 않는다.

너희가 심판하는 그대로 너희도 심판받고,

너희가 되질하는 바로 그 되로 너희도 받을 것이다.

성경의 마태복음 7장 1-2절은 뿌린 대로 거두게 된다는 부처님의 인과법과 맞닿아 있어요. 지금 나의 생각과 말, 행동을 한 번 더 살피게 되는 훌륭한 경책의 말씀입니다.

저는 승려지만, 성경 말씀 가운데 어느 구절들은 제 삶의 이정표로 삼기도 합니다. 처음 성경을 읽게 된 것은 대학생 때 비교종교학 공부를 하면서부터였어요. 학교 수업 중, 기독교 역사와 성경 해석학에 대한 공부를 하게 됐고, 어느 순간 성경을 학문으로서만 읽고 배우는 것이 아니라 부처님 말씀을 읽는 것처럼 그 진리의 말씀에 마음으로 공감하기 시작했습니다.

아마도 진리라고 하는 것은 어느 한 종교의 울타리에만 매여 있는 것이 아닌, 어느 누구라도 수긍하고 마음으로 껴안을 수 있는 보편적 내용을 담고 있는 것 같습니다.

한번은 프랑스 부르고뉴 지방 동부에 위치한 떼제(Taizé)라는 작은 시골 마을에 어른 스님들과 함께 방문할 기회가 생겼습니다. 이 작은 시골 마을에는 특정한 기독교 교파와는 상관없이 평생을 독신으로 살면서 하느님의 가르침을 몸소 실천하는 수사님들이 살고 계십니다. 해마다 10만 명이 넘는 전 세계 젊은이들이 천주교 개신교 구분 없이 기도하고 성찰하기 위해 찾는 곳으로도 유명한 곳입니다.

저와 여러 스님들이 아름다운 떼제 공동체에 도착하자 수사님들이 우리를 아주 따뜻하게 맞아주셨습니다. 온화한 미소를 띠고 하얀색 수사복을 입은 그분들의 모습은 천사처럼 아주 숭고하고 아름다웠습니다. 우리 스님들이 입은 옅은 회색빛 장삼 또한 수사님들의 옷 색깔과 매우 흡사하여, 스님들과 수사님들은 차별 없이 금방 모두 한 식구가 된 것만 같았습니다.

떼제에서 시간을 보낼수록 서로 종교는 다르지만 수사님들과 우리

"수용하세요. 내 뜻대로 일이 되지 않더라도
화내지 말고 나를 내려놓고 수용하세요."

의 삶의 모습, 수행 방식, 지향하는 바가 얼마나 비슷한지 알 수 있었습니다.

수사님들은 말을 하지 않는 성스런 침묵의 수행을 통해 내 안의 하느님과 만나는 시간을 갖곤 한다고 합니다. 그것은 불교에서 행하는 묵언 수행과도 별반 다름없어 보였습니다.

또한 수사님들은 모두 결혼이나 한 듯 반지를 끼고 있었습니다. 궁금해 물으니, 수사의 서약을 할 때 하느님과의 약속의 징표로 반지를 낀다고 대답하셨습니다. 내 옆에 있던 젊은 스님은 빙그레 웃으며 말했습니다.

"우리 스님들은 계(戒)를 받을 때 아예 그 징표를 연비로 해서 팔뚝에 새겨 넣습니다."

수사님들이나 스님들이나 독신으로 평생 사는 공통점이 있지만, 사람들이 생각하는 것처럼 외롭게 생활하지는 않습니다. 같은 길을 가는 도반들이 벗이자 스승이자 가족이 되어주기 때문에 절대 혼자가 아닙니다. 그래서 수사님들의 얼굴에는 은은한 기쁨이 배어 있었습니다. 마치 스님들이 차담을 나누면서 마음의 교류를 나눌 때 흔히 보이는 모습과 유사했습니다.

혹자는 떼제 공동체나 절 같은 곳의 삶은 억압되고 엄격하고 고행이 뒤따라야 하는 게 아닌가 생각하지만, 그렇지 않습니다. 공동체 생활에는 단순하면서도 소박한 아름다움, 마음의 잔잔한 평화와 즐거움이 있습니다. 세속적인 성공을 좇는 사람들이 보기에는 별거 아닌 일에도 어렵지 않게 행복을 느낄 수 있기 때문입니다. 계절이 바뀌는 자연의 모습을 보는 것도 즐겁고, 평소에 먹는 음식이 조금만 바뀌어도 새롭고 좋은 것입니다.

이처럼 다른 듯 다르지 않은 종교인들의 모습을 보고 있으니 내 마음속의 성경 구절들이 떠올랐습니다.

예수님께서 십자가에 못 박혀 돌아가시기 전에 한 말씀,

"내 뜻대로 마시옵고, 아버지 뜻대로 되시길 원하옵니다."

우리는 살면서 얼마나 많은 것들이 내 기준에 맞춰 이루어지길 바라나요? 마음대로 할 수 없는 일들이 천지인데, 내가 원하는 대로 되지 않았다고 얼마나 투정하나요? 이럴 때 나는 죽음까지도 수용하는 예수님의 말씀을 떠올립니다. 그리고 제 스스로가 만들어놓은 욕심의 상(相)을 내려놓자고 스스로를 독려합니다.

떼제에서 저희 스님들은 수사님들로부터 김치를 대접받았습니다. 한국에서 스님들이 온다고 하니 프랑스 떼제 수사님들이 직접 모여 며칠 전부터 김치를 직접 담근 것이라고 들었습니다. 다른 국적, 다른 인종, 다른 종교를 가진 사람들의 방문에도 이처럼 섬세한 배려와 사랑으로 맞이하는 마음. 그 마음을 안고 저희 스님들은 떼제를 떠나왔습니다. 돌아오는 길에서 제 마음은 마치 멀리 계신 친척을 만나고 돌아가는 듯한 기분이 들었습니다. 그분들이 저희를 맞이하기 위해 옹기종기 모여 앉아

"수용하세요. 내 뜻대로 일이 되지 않더라도
화내지 말고 나를 내려놓고 수용하세요."

배추를 버무리며 김치를 담그는 모습을 상상하니 얼굴에 미소가 피어났습니다. 그렇습니다, 만나보니 우리는 서로 많이 닮아 있었습니다. 뭐라 표현할 수 없는 깊은 유대감과 즉각적으로 느껴지는 친밀감. 문화와 언어가 달라 서로 표현하고 실천하는 방식이 차이가 났을 뿐, 우리는 크게 다르지 않았던 것입니다. 진리를 구하는 사람들은 이렇게 통하고 우리도 모르는 사이 서로 닮아가는 것이 아닌가 생각했습니다.

아, 바게트 빵과 함께 먹은 김치가 생각나네요.

기도는 하느님의 사랑을 더 얻게 되는 것이 아니고
원래부터 우리를 항상 사랑하셨다는 것을 깨닫는 것입니다.
중생이었던 내가 부처가 되는 것이 아니고
원래부터 부처였다는 사실을 깨닫는 것입니다.

기도는 기도하는 대상에게
'이거 해주세요, 저거 해주세요.'로 시작해서
'감사합니다.'로 전개하다,
'당신을 닮고 싶습니다.'로 승화되어서
결국에는 언어를 넘어선 온전한 있음 그 자체가 됩니다.

기도가 깊어지면
내가 말하는 행위보다
그분의 소리를 더 듣게 되고
그분의 자비심을 순간순간 감지하게 됩니다.
내가 줄어들고 그분의 존재가 커지면서
언어를 넘어선 온전한 있음 안에서
그분의 사랑과 자비가 내 안에 가득 차오릅니다.

"수용하세요. 내 뜻대로 일이 되지 않더라도
화내지 말고 나를 내려놓고 수용하세요."

◦

종교의 믿음과 행동이 깊어질수록

'나'라고 하는 자아의식이 낮아지고,

그 낮아진 만큼 내 안의 신성이 들어차는 과정으로 전환됩니다.

아직까지 자아 확장을 위한 기복적 기도를 했다면

이제 나를 내려놓는 기도를 하십시오.

◦

기도할 때, 때론

'제가 원하는 대로 제발 좀 되게 해주세요.'라는 기도도 필요하지만

'어떤 일이 일어나더라도 제가 다 수용할 수 있도록

제 마음 그릇을 넓혀주세요.'로 기도하는 것이 좋아요.

보시, 헌금했으니까 내 소원 들어달라고

부처님과 하느님과 제발 흥정하지 마세요.

수용하도록 하세요.

내 뜻대로 일이 되지 않더라도

화내지 말고 나를 내려놓고 수용하세요.

저항할수록 불행해지고,

수용할 수 없다면 수용할 수 있게 해달라고 기도하세요.

인연이 없으면 간절히 기도하십시오.

인연이 만들어집니다.

우주는 엄청난 중매쟁이입니다!

도대체 내가 가진 삶의 문제를 어떻게 풀어야 할지 모르겠다고요?

그렇다면 기도하십시오.

주의를 내면으로 모아 진실하게 답을 구하면

내 안의 불성(佛性)이, 내 안의 성령(聖靈)이

지혜의 문을 열어 알려줍니다.

"수용하세요. 내 뜻대로 일이 되지 않더라도
화내지 말고 나를 내려놓고 수용하세요."

∙

스님들이 기도를 오랫동안 할 수 있는 이유는,

다른 사람이 잘되길 진정으로 기원하는 마음이야말로

내 마음부터 편안하고 행복하게 만들어주기 때문입니다.

지금 결혼 주례사 준비를 하고 있는 제가

가장 먼저 기쁘고 행복함을 느끼는 것처럼요.

∙

중생은

내가 원하는 식으로 일이 되길 바라고,

부처는

본인 앞에 있는 사람이 원하는 식으로 일이 되길 소망합니다.

그래서 부처는 날마다 좋은날이지만,

중생은 어쩌다 좋은날이에요.

∙

중생은 좋은 일을 하면 그 흔적을 꼭 남기려 하고,

성인은 아무런 자취를 남기지 않고 좋은 일을 합니다.

성자일수록

본인이 죄인이라고 고백합니다.

자신을 속이지 않기 때문이지요.

성자가 된다는 것은

다른 사람을 위해서 성자가 되는 것입니다.

— 피에르 델루즈

성직자와 선생님은 아무래도 말을 많이 하게 되는데

나이 든 성직자와 선생님은 더, 더, 더,

말을 많이 하게 되는 것 같습니다.

제발 나이가 들어도 내 말만 늘어놓는 성직자가 되지 말아야지….

내 말만 늘어놓는 교수가 되지 말아야지….

다짐, 또 다짐합니다.

"수용하세요. 내 뜻대로 일이 되지 않더라도
화내지 말고 나를 내려놓고 수용하세요."

•

혜민아,

큰스님 되려고 하지 말고,

사람 냄새 나는 스님이 되어라.

— 사형 혜광 스님

•

다른 사람의 비밀을 발설하지 않고

지켜주는 것도 영적 힘입니다.

•

홍정길 목사님께서

"목회자는 설교할 때, 교인뿐 아니라

목회자 자신을 향해서도 설교해야 한다."라고 하셨는데

참 동감하는 말씀입니다.

종교인의 이야기는

철저한 내부 성찰을 통해

본인을 탁마하는 이야기가 말씀으로 나왔을 때 감동을 줍니다.

정진석 추기경님께서 이런 말씀을 하셨다고 합니다.

"성경에는 물고기 한 마리가
두 마리, 세 마리로 불어났다는 기록은 없어요.
하늘에서 떨어졌다는 이야기도 없고요.
예수님께서 하늘에 올리신 기도를 듣고
감동한 사람들이 품속에 숨겨둔
도시락을 꺼냈던 겁니다."

우리는 기적이라고 하면 무조건 자연의 법칙을 뛰어넘는
신기한 현상이라고 생각하는 사람들이 있습니다.
하지만 어쩌면 진정한 기적은 내 것에 대한 집착을 내려놓고
다른 사람들과 같이하겠다는 마음의 문을 여는 것,
그것이 더 큰 기적이 아닐까요?

"수용하세요. 내 뜻대로 일이 되지 않더라도
화내지 말고 나를 내려놓고 수용하세요."

부처님 말씀이 진짜인지 아닌지 알고 싶은 경우
바로 할 수 있는 초간단 테스트.

지금 가장 편하다고 느끼는 자세를 해보십시오.
30분만 움직이지 않고 그대로 있어보십시오.
가장 편한 자세가 가장 불편한 자세로 변합니다.
세상에 영원히 변하지 않는 것은 없습니다.
그 편하고 좋은 것조차도.

나이가 들어간다고 종교를
억지로 급하게 가지려고 하지 마세요.
인연이 닿는 종교인을 만나던 중
마음이 나도 모르게 저절로 열리게 되면
그 종교를 따라가면 됩니다.
좋은 말을 믿기만 하지 말고 실천도 꼭 같이 하세요.

기도하세요.

나와 그가 행복해지길

나와 그가 건강해지길

나와 그가 평화로워지길

계속 기도하다 보면

진짜로 그렇게 됩니다.

"수용하세요. 내 뜻대로 일이 되지 않더라도
화내지 말고 나를 내려놓고 수용하세요."

귀향 194.0×97.0 캔버스 유채 2009

나 자신의
온전함과 존귀함을
알아채시길

너무 바빠서 항상 쫓기는 것 같을 때
고민 때문에 생각들이 꼬리에 꼬리를 물 때
사람으로부터 상처받아 힘들 때
미래가 캄캄하고 불안하기만 할 때

우리 잠시 멈추어요.
단 1분 만이라도 잠시 멈추어요.
삶을 현재에 정지시켜놓고
잠시 깊게 숨을 내쉬어요.

지금 무슨 소리가 들리나요?

지금 몸은 어떤 느낌인가요?
지금 하늘은 어떤 모습인가요?

멈추면 비로소 보여요.

내 생각이
내 아픔이
내 관계가

멈추면서 그것들로부터
한 발짝 떨어져 나오기 때문에
그것들에 휩쓸려 살아야 했던
평소보다 더 선명하게 잘 보여요.

그리고 멈추면 내 주변이 또 비로소 보여요.
나를 항상 도와주는 가족과 동료들의 얼굴들
매일 지나치지만 볼 수 없었던 거리의 풍경들
들어도 잘 들리지 않았던 상대방의 이야기들

내가 지금 하는 것을 잠시 쉬면
내 안팎의 전체가 조용히 모습을 드러내요.

에필로그

삶 속의 지혜는 이처럼 내가 뭔가를 해서 쟁취하는 것이 아니고
멈춘 후 자연스럽게 드러나는 것들을
그냥 조용히 알아채기만 하면 되는 것 같아요.

그렇게 드러나는 것들을 계속해서 알아채다 보면
어느 순간 알게 돼요.
마음 안에는 항상 부족하고 온전하지 못한 나만 있는 것이 아니고
그것들을 조용히 바라보는 관조자가 또 있다는 사실을요.
태초의 고요로 마음 안을 그저 바라보는 분이 있다는 것을요.
있는 그대로를 보며 즉시 아는 그분이 곧 지혜라는 것을요.

그 관조자와 친해지세요.
그분이 내 마음속 어디에 계시고, 또 어떻게 생기셨는지,
평소에 알던 것을 가지고 상상하려 하지 말고
침묵 속에서 모든 생각이나 상(相)을 다 내려놓고
기도와 명상과 참선을 통해 관조하는 그분을 보려고 하세요.

태초의 고요 속에서
얼굴 없는 그분의 얼굴을 봤을 때
이미 온전한 본래 나를 만난 것입니다.

나 자신의 온전함과 존귀함을 알아채시길

"
그대의 아픔이 치유되길
그대가 행복해지길
그대의 원이 성취되길
"

강과 꿈 116.7×91.0 캔버스 유채 2010

아프니까 청춘이다 : 인생 앞에 홀로 선 젊은 그대에게
김난도 지음 | 14,000원

100만 청춘을 위로하다! 이 시대 최고의 멘토, 김난도 교수의 인생 강의실! 저자는 이 책에서 불안하고 아픈 청춘들에게 따뜻한 위로의 글, 따끔한 죽비 같은 글을 전한다. 스스로를 돌아보고, 추스르고, 다시 시작하게 하는 멘토링 에세이집. (추천:인생 앞에 홀로서기를 시작하는 청춘을 응원하는 책)

나는 아내와의 결혼을 후회한다
김정운 지음 | 13,000원

성공을 향해 달음질쳐보아도 왠지 행복과는 점점 거리가 멀어지는 듯하고, 위로받고 싶지만 딱히 누군가에게 하소연할 수도 없는, 이 땅의 남자들을 위한 통쾌한 처방전. 통렬한 입담에 박장대소하다 보면, 소박한 공감과 위로를 발견할 수 있다. (추천 : 의무와 책임만 있고 재미는 잃어버린, 이 시대 남자들을 위한 심리에세이)

시 읽기 좋은 날
김경민 지음 | 14,000원

교과서 속에서 뽑아낸 50편의 주옥같은 시, 삶과 사랑, 세상에 비추어 써내려간 잔잔하고도 감동적인 에세이. 어른이 되어 다시 만난 명시들을 통해 그동안 느끼지 못했던 시 읽기의 즐거움과 삶에 대한 통찰을 느낄 수 있다. (추천 : 누군가가 말없이 그리울 때, 삶의 고단함에 지쳤을 때, 마음에 따뜻한 위로를 안겨주는 책)

나는 지금 누구를 사랑하는가
바이런 케이티 지음 | 유영일 편역 | 14,000원

진정한 사랑에 대한 갈망과 외로움, 뜻대로 풀리지 않는 일, 괴로운 인간 관계. 단 한 번도 완전히 해결된 적 없는 우리의 문제들. 현재 서구에서 가장 주목받고 있는 영적 혁명가 바이런 케이티는 이 책에서 우리의 완전한 행복, 사랑, 삶을 위하여 단순하면서도 강렬한 가르침을 선사한다.

혼·창·통 : 당신은 이 셋을 가졌는가?
이지훈 지음 | 14,000원

세계 최고의 경영대가, CEO들이 말하는 성공의 3가지 道, '혼(魂), 창(創), 통(通)'! 조선일보 위클리비즈 편집장이자 경제학 박사인 저자가 3년간의 심층 취재를 토대로, 대가들의 황금 같은 메시지를 본인의 식견과 통찰력으로 풀어냈다. (추천 : 삶과 조직 경영에 있어 근원적인 해법을 찾는 모든 사람)

인생에 대한 예의 -개정판
곽세라 지음 | 13,000원

세상에서 가장 예쁘게 웃는 여자로 불리는 저자 곽세라가 지구별을 여행하며, 따뜻한 시선과 촉촉한 마음으로 인터뷰한 18명 '영혼의 힐러들'의 이야기. 삶을 대하는 태도를 변화시킨 이들의 이야기를 통해 가슴 깊은 곳까지 감동의 메아리를 전달해 준다.

가슴 뛰는 삶
강헌구 지음 | 13,000원

꿈을 꿈으로만 남겨두지 마라. 간절히 원하는 그 모습으로 살아라. 가슴 벅찬 삶을 사는 법에 관한 '비전 로드맵'. 인생의 비전을 찾지 못한 이에게는 통찰과 작심을, 현재의 자리에서 머뭇거리고 있는 이에게는 돌파와 질주의 힘을 주는 책 (추천 : 꿈을 찾지 못한 중고생과 대학생, 그리고 좌절의 길에서 주춤하고 있는 직장인들을 위한 책)

당신이 축복입니다
숀 스티븐슨 지음 | 박나영 옮김 | 13,000원

"이 아기는 24시간 안에 죽는 편이 낫습니다." 뼈가 계란껍데기처럼 부서지는 희귀병을 갖고 태어난 숀 스티븐슨, 그는 현재 스타 연설가이자 심리학자가 되어 휠체어를 타고 세계를 누빈다. 90cm의 거인 숀이 전하는 축복의 리얼스토리! 소중한 누군가의 믿음과 신뢰, 응원이 필요한 당신에게 '인생을 응원하는 6통의 메시지'를 보낸다.

멈추면, 비로소 보이는 것들